百科通识文库书目

历史系列：

美国简史
探秘古埃及
古代战争简史
罗马帝国简史
揭秘北欧海盗
日不落帝国兴衰史——盎格鲁－撒克逊时期
日不落帝国兴衰史——中世纪英国
日不落帝国兴衰史——十八世纪英国
日不落帝国兴衰史——十九世纪英国
日不落帝国兴衰史——二十世纪英国

艺术文化系列：

建筑与文化
走近艺术史
走近当代艺术
走近现代艺术
走近世界音乐
神话密钥
埃及神话
文艺复兴简史
文艺复兴时期的艺术
解码畅销小说

自然科学与心理学系列：

破解意识之谜
密码术的奥秘
恐龙探秘
情感密码
全球灾变与世界末日
简析荣格
人类进化简史
认识宇宙学
达尔文与进化论
梦的新解
弗洛伊德与精神分析
时间简史
浅论精神病学
走出黑暗——人类史前史探秘

政治、哲学与宗教系列：

动物权利
释迦牟尼：从王子到佛陀
死海古卷概说
存在主义简论
《旧约》入门
解读柏拉图
读懂莎士比亚
世界贸易组织概览
《圣经》纵览
解读欧陆哲学
欧盟概览
女权主义简史
《新约》入门
解读后现代主义
解读苏格拉底

百科通识文库
49

美国简史

保罗·S.博耶 著
陈崛斌 译

外语教学与研究出版社
北京

京权图字：01-2015-5164

图书在版编目（CIP）数据

美国简史 /（美）博耶（Boyer, P.S.）著；陈崛斌译. — 北京：外语教学与研究出版社，2015.8（2016.1 重印）
（百科通识文库）
ISBN 978-7-5135-6543-1

Ⅰ. ①美… Ⅱ. ①博… ②陈… Ⅲ. ①美国－历史－通俗读物 Ⅳ. ①K712.09

中国版本图书馆CIP数据核字（2015）第198797号

出 版 人　蔡剑峰
项目策划　姚　虹
责任编辑　文雪琴
封面设计　泽　丹
版式设计　锋　尚
出版发行　外语教学与研究出版社
社　　址　北京市西三环北路19号（100089）
网　　址　http://www.fltrp.com
印　　刷　中国农业出版社印刷厂
开　　本　889×1194　1/32
印　　张　7.5
版　　次　2015年9月第1版　2016年1月第2次印刷
书　　号　ISBN 978-7-5135-6543-1
定　　价　20.00元

购书咨询：（010）88819926　电子邮箱：club@fltrp.com
外研书店：https://waiyants.tmall.com
凡印刷、装订质量问题，请联系我社印制部
联系电话：（010）61207896　电子邮箱：zhijian@fltrp.com
凡侵权、盗版书籍线索，请联系我社法律事务部
举报电话：（010）88817519　电子邮箱：banquan@fltrp.com
法律顾问：立方律师事务所　刘旭东律师
　　　　　中咨律师事务所　殷　斌律师
物料号：265430001

目录

图目

前言

对任何人而言，要写一部美国历史，必将遭遇各种挑战，无法轻易完成。其中，最艰难的莫过于突破由迷思、先入之见和意识形态抽象概念所构成的层层迷雾，因为这层层迷雾往往会遮蔽我们的视线，让我们无法看清美国历史的真相。从被欧洲航海者最初发现之时起，大西洋彼岸的这片土地在众人的笔下就被寄予了各种希望、梦想和疯狂的想象。尽管早在地理大发现之前，这块广袤的大陆就居住着好几百万原住民、衍生着复杂的社会体系，欧洲人还是一厢情愿地把它想象成一片诱人的、充满无限机遇的无主之地，并称之为“新世界”。在 1516 年，也就是克里斯托弗 · 哥伦布（Christopher Columbus）在加勒比海小岛登陆 24 年之后，英国哲学家、政治家托马斯·莫尔（Thomas

More）出版过一本书。在这本书里，莫尔虚构了一个他称为“乌托邦”的理想社会，这个理想社会就位于今天巴西附近的小岛上。在这个虚构的新世界里，处处都是和谐、合作与平等的景象，人们共同拥有财产，对黄金嗤之以鼻。（书中有一个有趣的细节，在乌托邦里，人们使用的夜壶都是金子做的。莫尔以此证明在乌托邦人们的眼中金子是多么地不值一文。）

几个世纪之后，当移民像潮水般涌入美国时，很多人都怀揣着有关这片土地的美好梦想，而矗立于纽约港中的自由女神像就是这些美好梦想的象征。在自由女神像的底座上，镌刻着埃玛·拉扎勒斯（Emma Lazarus）创作于1883年的诗，以下是该诗的结束语：

把你们拥挤土地上的不幸的‘人渣’，
穷困潦倒而渴望呼吸自由的芸芸众生，
连同那些无家可归四处漂泊的人们送来，
我高举明灯守候在这金色的大门！[1]

最后，一些人实现了自己的梦想；另一些人的梦想却

1　该诗名为《现代巨人》（*The New Colossus*），译文来自美国驻华大使馆官网，译者不详。——译者注，下同

在痛苦与失望中崩塌。然而，对大多数人而言，交织着成功与失败的现实很快就取代了不切实际的幻想。（对于被迫来到美国的几百万受奴役的非洲人而言，他们甚至从未有过美好的幻想，他们的移民生活只有残酷的现实。）

在另一些人眼中，新世界被赋予了宗教的神圣色彩。哥伦布在晚年就坚信是上帝指引了他的发现之旅，从而实现了《圣经》中对新千禧年的预言。再后来，新英格兰地区的清教徒们则相信，美国在上帝的神圣计划中扮演着重要角色，最终将在地球上建立基督的国度。直到现在，很多美国福音派信徒们仍相信，在上帝的宇宙蓝图中美国占有特殊位置——抑或是哀叹世俗的污垢造成了美国的堕落，使得美国丧失了曾经享有的天赐。

这种宗教色彩略世俗些的表现是美国例外论，这种观点渗透进诸多历史学作品和教科书中。这些书籍总是有选择性地对美国历史进行解读。自然地，这个国家的历史也就变成了有关自由、机遇和无限发展的历史，而那些不受上帝眷顾的社会中存在的阴暗和剥削从未在美国出现过。后来，随着历史事实不断被挖掘出来以及超自然主义假设的逐渐失势，这些自利偏颇的解读逐渐淡出视线。尽管如此，直到 20 世纪 80 年代，当里根总统再次提起作为“光芒万丈的山巅之城”的美国如何独享上帝眷顾时，很多美国人仍为之一振。

还有一些人则认为，“美国”在内涵和外延上都代表着不祥。对于马克思主义思想家以及新殖民主义和经济帝国主义的强烈反对者而言，美国是后期资本主义的缩影，为了攫取市场、廉价劳动力和自然资源而将自己的触手伸向世界各地。而在那些珍视民俗传统和地区文化的人们口中，美国则变成了劣质的、腐化的全球大众文化的源头。尽管不无可取之处，这些成见却远非美国历史的全貌。伊斯兰革命者则只相信《古兰经》中安拉所说的正义秩序，在他们眼中美国甚至变成了大撒旦，是阻碍梦想的巨大障碍。

虽然思想史学家对此颇感兴趣，但这纷繁复杂的各种迷思、理想化的抽象概念和意识形态框架却让我们难以摒除偏见和排除外设议题的限制，进而阻碍我们正确理解真正的美国历史。虽然绝对的历史客观性并不存在，但它仍是值得追求的目标。本书没有一个支配一切细节的论点，也就不会生搬硬套地用历史事件来支持这一论点，而是采用宽泛的历史事实来构建叙事框架，包括移民、城镇化、奴隶制、大陆扩张、美国的全球实力、宗教的中心性，以及美国从农业文明向工业文明、后工业文明的逐步发展。在详述美国这些重大历史议题的同时，本书也将涵盖美国历史的多样性、历史人物的重要性，以及在美国历史大背景下种族、族裔、性别和社会阶层对塑造特定群体历史经验的重要作用。

在阐释美国历史这个宏大议题时，本书尽量避免了或美化拔高或全面否定的处理方式。诚然，从当代的角度看，和许多国家的历史一样，美国历史的很多方面会招致批判和说教，而历史事实与沙文主义者、政客和狂热的爱国主义者的高调言论间存在的差距甚至让人觉得荒谬和讽刺。但是，这样的一种立场本身就包含着曲解。自始至终，本书的目的都是用一种批判的、平衡的、尽量免除意识形态影响的方式来讲述美国的历史，让读者可以在有必要时自己作出评判。尽管美国历史具有自己的某些特点，它仍是人类历史的一部分，具有人类历史的共性，是世界历史巨著中尚未完成的一个小篇章，而世界历史本身就是哲学家伊曼努尔·康德（Immanuel Kant）所谓的“扭曲的人性之材”的积累和汇集。这本小书绝不是要对美国历史作结或定性，它只是作者本人尽己所能观察和记录美国历史的一些成果，而作者本人也是美国社会的产物和这个国家的一员。

相比一般的美国通史，写一本能够在很短时间内读完的美国简史还要面临更多挑战：很多历史事件不得不被省略，众多历史掌故很遗憾地无法顾及，大量有助于得出一般化结论的关联史实也只能留给大部头作品。但是，简史也有自己的长处。简洁的形式促使作者慎重地选择真正重要的历史内容，专注于主要的历史线索，重点描述关键历史转折点和具有深远意义的主题。此外，简史更加注重内容的清晰度和可读性，这样才对得起那些愿意花几个小时读一位不知名作者作品的读者。唯盼我的这本小书不至令读者太过失望。

于威斯康星州麦迪逊市

2012 年 1 月

第一章

发端：1763年前早期史

在二十一世纪，美国人过着快节奏的生活，很少有人会放慢节奏来认真思考这样一个问题，即：他们生活的这片土地早在几千年以前就有人居住。在这块被我们称为北美洲（北美洲音译为“北亚美利加洲”，以佛罗伦萨制图师阿梅里戈·韦斯普奇 [Amerigo Vespucci] 的名字命名）的大陆上，最早的人类定居活动可以追溯到一万五千年前，来自西伯利亚的人类部族乘船或穿越已经消失的大陆桥来到了今天的阿拉斯加地区。随着移民的不断涌入，这些早期美国人逐渐向南、向东迁移，在气候和地形千差万别的新大陆上散布开来，形成了语言、社会组织、宗教信仰和生活方式各异的不同部族。

在今天的新墨西哥州境内，阿纳萨齐族印第安人最早建立了普韦布洛定居点，他们制作珠宝和彩绘陶器，在这片贫瘠的土地上顽强地繁衍生息。从此地往东，密西西比河和密苏里河在卡霍基亚（在今天的东圣路易斯境内）交汇，这里是印第安文化的一个重要诞生地。继续往东，在大西洋沿岸，各个部族和部落主要从事狩猎、农耕和捕鱼等生产活动。他们发展邦交关系，有时也会开战，还维持着广泛的贸易关系。1450 年后的某一天，来自五大部落的首领在今天的纽约州北部聚首，并建立了联盟关系，史称“易洛魁部落联盟”。在西部平原地区，即大湖区周边和今天的中西部偏北地区，根据各自不同的生态环境，各部族靠农耕、捕鱼或狩猎美洲水牛为生。

据估计，到 1500 年，北美洲人口已经达到 700 至 1,000 万。在中美洲和南美洲，人口也高达数百万，玛雅文明、阿兹台克文明和当时仍在扩张的印加帝国也已经繁荣了千余年。

然而，当时这些古代文明并不为欧洲人所知。早在 1000 年左右，利夫 · 埃里克松（Leif Erikson）和其他北欧航海家就曾到过北美洲东北角地区，甚至在纽芬兰建立了短期定居点。除此类零星接触外，北美印第安人和欧洲人并不知道彼此的存在。然而，这种情况很快就会发生变化，并给大洋两岸的居民带来重大影响。

图 1 科罗拉多州梅萨维德国家公园崖壁居室遗迹。由地理大发现之前的北美印第安人修建，后由于降水量骤减，在 12—13 世纪被逐渐遗弃。

地理大发现时期

十五世纪后期，思想革命、技术创新和经济发展席卷欧洲各国。为了缩短与亚洲贸易的航程，葡萄牙航海家冒险绕过非洲之角，向东抵达印度。另一些冒险家则选择了风险更大的航线，向西航行跨越大西洋。意大利航海家克里斯托弗·哥伦布就是其中一位，他说服了西班牙国王费迪南德（Ferdinand）和皇后伊莎贝拉（Isabella）资助他率领船队跨越大西洋。由于错误估算地球的体积，也不知道在他的航线上幸运地横亘着一片广袤大陆，哥伦布于 1492 年 8 月 3 日从西班牙帕洛斯港起锚，带领这支由三条船构成的小船队向西航行驶向亚洲。是年 10 月 12 日，哥伦布的船队在一座小岛登陆，并将小岛命名为圣萨尔瓦多岛。哥伦布坚信自己已经来到印度，因此称当地岛民为"印第安人"，这个名字也就这样一直流传了下来。

这股航海探险潮有着复杂的经济、政治和宗教动因。而哥伦布本人也梦想着获得更多财富和名誉，并热衷于教化印第安人成为基督徒（故而在初次登岛后又进行了三次远航）。同时，哥伦布笃信他的航程实现了圣经中的预言，这也是美国一直被视为上帝眷顾之地的早期表现之一。对于资助哥伦布的西班牙王室而言，对未知世界的探索将扩展他们统治的地域、帮助他们胜过欧洲对手并收获巨大的财富——人们认为，这就是莎士比亚在《暴风雨》中提到的"美好新世界"，遍地黄金。

欧洲殖民扩张时期

很快，欧洲的海洋强国就纷纷踏上了哥伦布开拓的航线，并开始宣誓主权。首先，西班牙先后在今天的佛罗里达（圣奥古斯丁，1565 年）、新墨西哥（圣塔菲，1609 年）、加勒比海、墨西哥、中美洲和南美洲等地建立了殖民定居点，来自西班牙的士兵、探险者、殖民统治者、天主教传教士随即涌向美洲大陆。

很快，荷兰的殖民地也在北美建立起来。在 1609 年，受聘于荷兰东印度公司的英国航海家亨利 · 哈得孙（Herry Hudson）抵达了后来以他名字命名的哈得孙河，并溯河而上进行探险。到 1625 年，荷兰东印度公司从德拉瓦印第安部落购买了曼哈顿岛上的一块土地，建立了新阿姆斯特丹殖民地。东印度公司将哈得孙河沿岸的土地授予大庄园主，大庄园主向在此定居的佃农收租和赋税。

在这场帝国之争中，英国虽然起步较晚，但是很快就赶了上来。16 世纪 30 年代的新教改革对英属北美殖民地产生了重大影响，因此，除马里兰外，其他英属殖民地都有浓厚的新教色彩。（天主教信徒塞西莉厄斯 · 卡尔弗特

[Cecilius Calvert] 在 1632 年获查理一世 [Charles I] 颁布的特许状，建立了马里兰殖民地，成为英国本土天主教徒的避难所。）

英国人将他们在北美的第一个殖民定居点所在地区命名为弗吉尼亚[1]，以此纪念童贞女皇伊丽莎白一世[Elizabeth I]。在 1607 年，在一家名为“冒险家”的投资公司的资助下，约 600 名各色殖民者抵达了今天的弗吉尼亚，并建立了以伊丽莎白一世的继承者詹姆斯一世（James Ⅰ）的名字命名的詹姆斯敦要塞。“冒险家”对黄金白银的幻想很快就破灭了，最早的殖民者大多数死于疾病、饥荒和来自印第安人的进攻。然而，自 1611 年烟草种植业被引入弗吉尼亚后，当时欧洲盛行的抽烟袋风尚使得烟草出口给殖民地带来丰厚利润。尽管早在 1604 年，詹姆斯一世就在一本小册子中对烟草进行了抨击，称吸烟的习惯“视之可憎，嗅之可恶，伤神伤身”，但是收效甚微。

英国开始向南方推进，从南北卡罗来纳到佐治亚，建立了更多的殖民地，直抵西班牙在佛罗里达的前哨。烟草业也成为南方这些新建殖民地的支柱产业，辅以水稻和槐

1　弗吉尼亚（Virginia）意味“处女之地”，与 Virgin（童真）同源。

蓝属植物种植。尽管英国新教仍是主流教派，但宗教信仰也逐步开始多元化。苏格兰长老会主张去中心化的教会管理结构；贵格会倡导简朴的生活方式和个人与上帝直接联系的“内心灵光”；卫理公会和浸信会则认为信徒与上帝的直接联系和自由自愿的信仰比宗教形式和仪式更加重要。

从詹姆斯敦往北，在 1620 年，一群完全脱离英国教会的教徒在后来成为马萨诸塞州的地区建立了普利茅斯殖民地。在抵达北美之前，这群被称为“漫游者”的教徒曾流亡荷兰。1621 年这些殖民者邀请当地的万帕诺亚格印第安人共同庆祝丰收，并由此演变成美国的重要节日之一：感恩节。普利茅斯殖民地的第一任总督威廉·布雷德福（William Bradford）用朴素的语言记录了这段历史，这些文字也成为早期美国文学的经典作品。

1630 年，规模更大的马萨诸塞湾殖民地在波士顿建立，产生了更加深远的影响。该殖民地的创建人并非分离主义者，而是“清教徒”，因为他们渴望通过清除残存的天主教因素，以达到净化英国国教的目的。在后世的一些讽刺漫画中，清教徒往往被刻画成无趣的故作正经之徒。

清教徒信仰一套独特的教义，包括：宗教信仰是朴素的，圣经是信仰的唯一权威，主张政教彻底分离，会众实行自治，教会成员必须证明自己有皈依教会的亲身经验。

在经历了殖民初期的苦难后，新英格兰人的健康状况快速改善，寿命大幅延长，地域范围向南延伸到罗德岛和康涅狄格，向北扩展至新罕布什尔、佛蒙特和缅因。在耕作、捕鱼和城镇工作之外，新英格兰人开始发展海洋贸易。商船从新英格兰出发，满载木材、粮食、松脂和鳕鱼干，驶向英国及西印度群岛的英国殖民地，返航时，船队从西印度群岛带回糖和用来蒸馏生产朗姆酒的甘蔗糖蜜，从英国本土带回茶、家具、餐具和其他制造业产品。

随后，英国在大西洋中部沿岸地区建立了宾夕法尼亚、纽约、特拉华和新泽西殖民地，至此，英国在北美建立殖民地的努力也告一段落。首先，为感谢海军上将老威廉·佩恩（William Penn）在 1660 年英国王室复辟中的功绩，查理二世（Charles Ⅱ）于 1861 年向老佩恩之子小威廉·佩恩颁发特许证，特许其在北美建立新的殖民地、并担任殖民地总督。小威廉·佩恩是贵格会信徒，以自己的名字将新殖民地命名为宾夕法尼亚，在这里进行“神圣实验”。

在他的领导下，宾夕法尼亚敞开大门，收留受到迫害的英国贵格会信徒，以及来自瑞士和德国的门诺派教徒等持不同意见的欧洲宗教难民。

在英国和荷兰冲突的历史大背景下，新阿姆斯特丹总督于 1664 年向英国占领军投降。随后，这个多民族聚居的殖民地（以约克公爵、即未来的查理二世之名）更名为纽约，成为哈得孙河谷里繁荣的商业中心和富饶的农业腹地。随着荷兰大庄园主日渐式微，新英格兰地区的私人农场模式逐渐占据主导地位。

特拉华最早是瑞典殖民者建立的毛皮交易点，后落入荷兰手中，最后由英国人占领。新泽西州原本是纽约的一部分，查理二世将这片土地从纽约划分出来，授予一批颇具争议的殖民者经营。新泽西于 1702 年成为英国皇家殖民地。

印第安人与殖民者：宿命的邂逅

美国历史学家曾一厢情愿地神化哥伦布航海之前的美洲，称其为“处女地”，只是一片空荡的荒野。事实上，欧洲殖民者却遭遇了分布广泛、复杂而历史悠久的印第安部落社会。这种邂逅，对殖民者和印第安人都产生了长远的影响，双方交往的形式也是多种多样，有谈判、贸易和战略联盟，也有血腥冲突、新型疾病（因为没有免疫能力，印第安部落几乎被天花病毒毁灭）和因为宇宙观、社会体系不同所带来的误解。

在西班牙殖民地内，传教士和世俗统治者将印第安人当成劳工、传教对象，甚至有时是死敌。1680 年，近 400 名西班牙官员和传教士在普韦布洛和阿帕奇印第安人起义中丧生。12 年后，西班牙人才重新在这个地区取得控制权。哥伦布对原住民的认识成为后世殖民者对印第安人的态度的模板。哥伦布写道："他们理应成为忠诚且技艺娴熟的好仆人……我个人认为，将他们教化为基督徒并非难事……只要给我 50 个手下，我就可以征服他们所有人，并按照我的意志统治他们。"

在英国殖民地，殖民者与印第安人的关系一度比较和谐，有时甚至会结成联盟以对抗共同敌人。比如，在 1637 年，康涅狄格的殖民者曾与莫希干族和纳拉甘西特族印第安人结盟对佩科特人发起进攻。在这次行动中，康涅狄格殖民者的民兵烧毁了一座佩科特村落，杀死了企图逃亡的几百名佩科特人，男女老少皆不放过。

殖民者与印第安人的关系常常往掠夺和暴力方向发展，而双方对财产所有权的不同理解使得这种情况更加恶化。对于印第安人而言，土地是用来生产生活的，应该共享；欧洲殖民者却强调土地所有权的约束力和排他性。正是由于这种认识上的差距，以及殖民者对印第安人领地的无情扩张，激烈冲突不断爆发。1622 年，波瓦坦印第安人起义中，大批詹姆斯敦殖民者在冲突中丧生；1763 年，萨斯奎汉纳河流域的苏格兰和爱尔兰殖民者，以宾夕法尼亚贵格会殖民统治者无视边防安全为由，向邻近的康纳斯多格族印第安村庄发起进攻，杀害无辜的康纳斯多格族印第安人，并剥下他们的头皮作为战利品。

在新英格兰地区，因为对殖民者圈地扩张忍无可忍，万帕诺亚格部落首领梅塔卡姆[1]（Metacom）向殖民者宣战，积蓄已久的矛盾在 1675—1676 年间彻底爆发。印第安战士越过边界，杀死了 2,500 余名殖民者。殖民者军队的反击造成了同样的杀戮，大批印第安人死于冲突或被捕成为

1　梅塔卡姆被英国人称为菲利普王，这场战争史称“菲利普王之战争”。

奴隶。梅塔卡姆战败被砍头，他的头颅被殖民者作为战利品示众。

简而言之，从殖民地时期开始，北美就开启了印第安人在冲突、新型疾病和白人殖民者疯狂进攻下大批死亡的悲惨历史。截至 1800 年，美国印第安总人口约为 60 万，而欧洲殖民者来到之前，北美印第安人口据估计曾高达 220 万，这种对比触目惊心。

奴隶制在美国扎根

在这个时期，奴隶制开始在北美发展起来，也因此埋下了日后美国内战和种族歧视的种子。奴隶制曾在古代社会盛行，并在非洲和阿拉伯地区长期存在和发展。如今，奴隶制如同病毒一般蔓延，跨越大西洋被带到北美。

1619 年，第一艘贩奴船抵达詹姆斯敦，更多贩奴船紧随其后。最初，非洲黑奴只是那没有自由的劳动力大军中的一部分，与白人契约奴一起工作。后者需要为雇主工作一段时间，以偿付来到美国的旅费。白人契约奴在契约期满后，他们本人及其后代就可以成为自由劳动者，但是非洲黑奴的命运则完全不同。黑奴不仅在文化和种族上是外来者，他们深色的皮肤更成为他们不自由身份的标志，永远无法摆脱奴隶身份。弗吉尼亚就曾于 1705 年立法规定黑奴身份通过母亲遗传，并且不可改变（由此，白人奴隶主和黑人女奴所生的孩子也被纳入奴隶阶层）。

很快，奴隶制蔓延到西班牙和葡萄牙殖民地，以及英国在西印度群岛和北美的其他殖民地。英国贩奴船是黑奴贸易的主力，而新英格兰的商船也参与其中。很快，在北美的各个殖民地都出现了黑奴的身影，尤其集中在主要生产烟草和稻米的弗吉尼亚、马里兰及以南各殖民地。截至 1790 年，北美地区黑奴总数约为 70 万人左右。

尽管黑奴起义时有发生，例如 1712 年在纽约、1739 年在南卡罗来纳，但是均遭到血腥镇压。一些新英格兰人以及宾夕法尼亚的贵格会信徒和门诺派教徒提出黑奴贸易有违道义，但是由于势单力薄，他们的抗议未能取得成效。渐渐地，奴隶制融入了殖民地的社会经济生活，直至 19 世纪 60 年代才被取缔，而奴隶制的影响则更加深远。

新的社会组织结构逐渐成型

就 1492 年到 1776 年间近 300 年的美国历史而言，一般美国人的记忆中只有一些零星的、半神话色彩的影像，而早期历史教材也是这样写的：美丽的印第安公主在詹姆斯敦救了约翰·史密斯（John Smith）的命；意志坚定的清教徒开拓者在普利茅斯岩登陆；荷兰人用一些不值钱的小装饰品买下了整个曼哈顿岛；塞勒姆的女巫被处以绞刑；西班牙传教士在加利福尼亚传道的浪漫主义画卷。

然而，在这个时代，新的社会模式和思维方式开始出现并延续下来。尽管欧洲殖民者、印第安人和非洲黑奴之间的关系让人不安，但是殖民地时期的一些现象却对美国的未来产生了长远的重大影响。

早在《独立宣言》之前，英国的北美殖民地就享受着事实独立，表现为一定程度的自治和经济自主。尽管英国政府号称拥有最终统治权，但事实上，北美各殖民地越来越多地实行自治。很多殖民者并不认为自己是英国子民。伦敦派往北美的官员强调英国政府的权威，并要求殖民地服从英国政府，而这往往只会激怒殖民地人民。

同样，殖民者越来越倾向于从殖民地本身的角度出发来考虑经济问题，而不是从英帝国的角度。毫无疑问，英国政府想尽一切办法压制这种转变。根据重商主义理论，英国及其殖民地被视为伦敦掌控下的同一个经济体。在 1651 年到 1733 年间，英国议会颁布了一系列航海法案，试图将北美和西印度群岛的贸易统一在帝国经济体系之下，即：殖民地提供原材料，并从英国进口工业制成品和消费品。在一定程度上，重商主义刺激了殖民地的经济增长（比如造船业、渔业、烟草种植业、松脂生产）。然而，正如在政治领域一样，殖民者更加关注殖民地本身而不是遥远的英国的经济利益。因此，独立是一个过程，而非某个单一事件。

在殖民地时期，宗教得到很大发展，牧师往往扮演着思想和社会领袖的角色。但是，殖民地的宗教文化非常多元，没有任何一个教派能够在所有殖民地取得支配地位。比如，英国国教徒在弗吉尼亚是多数派，在其他殖民地却很少；清教公理会则主要集中在新英格兰地区；贵格会在宾夕法尼亚处于支配地位，而在其他地方却没有什么影响力。统一的宗教信仰难以在任何一个殖民地实现。1635

年，马萨诸塞殖民地塞勒姆市的牧师罗杰·威廉斯（Roger Williams）因宣扬非正统观点而被驱逐，他和信徒随后迁居邻近的罗德岛。在宾夕法尼亚西部，苏格兰爱尔兰长老会对在费城占支配地位的贵格会发起了挑战。在弗吉尼亚，浸礼会和卫理公会则一直抵制英国国教在该殖民地的统治地位。截至 18 世纪后期，弗吉尼亚的自然神论者和新英格兰的一位论派更是完全摒弃了正统基督教教义。尽管一些人对这种多元化感到失望，但是多元化却实实在在地激发了宗教的活力。在北美殖民地，不同宗教团体自由竞争，避免了出现占统治地位的单一教会，而宗教的影响力却得到了整体提升。

新教徒相信只有通过个人的努力才能得到救赎。在这种大背景下，宗教多元化更是激发了殖民地人们的宗教热情，进一步削弱了教会等级制度的影响力。18 世纪 40 年代，"大觉醒运动"在北美掀起了一波信仰复兴运动，并迅速席卷各殖民地。在这其中，英国福音传道士乔治·怀特菲尔德（George Whitefield）和一批在殖民地成长起来的传教士扮演了重要角色。

马萨诸塞的乔纳森·爱德华兹（Jonathan Edwards）是

信仰复兴运动早期的推动者之一。在 1741 年，他做了题为《落在愤怒上帝手中的罪人》的布道，给了众多未获救赎之人一记惊雷。作为一名博学的神学家、牧师和信仰复兴活动家，爱德华兹运用当时最新的意志学理论来证明那种能够引起信众情绪激动的布道方式的合理性。在熟练运用约翰·洛克（John Locke）和其他启蒙思想家理论的同时，爱德华兹重申了正统基督教信条，包括卡尔文派有关上帝万能和人类原罪的观点。爱德华兹一生著作颇丰，尽管在 1758 年即将前往新泽西出任普林斯顿学院校长之际英年早逝，他的作品集仍长达 26 卷。

信仰复兴活动家们在接受他们的教堂及其他集会场合发表演讲，呼吁所有人进行忏悔，并指出洗礼和加入教会是远远不够的。大众对宗教的虔诚信仰不仅催生了传教组织和新的教派，更是殖民地时期的又一主要遗产。尽管当初的户外布道集会已经被电视布道和城郊大教堂所取代，布道的方式发生了变化，但是，在 21 世纪的美国社会，福音派信仰仍然虔诚，传教热情依旧炽烈。

新英格兰地区的清教徒有一种强烈的神圣使命感，坚信自己有着与众不同的天命。在乘船前往美洲大陆途中，后来成为马萨诸塞第一任总督的约翰·温思罗普（John Winthrop）发表演讲,称即将建立的定居点是“山巅之城”，是上帝为人类发展设定的模范。后代牧师对这种观点进行了不断阐释。这种神圣使命感源自对宗教历史的一种特殊解读，即：正如上帝在古代选中犹太人一般，上帝选中清教徒在美洲建立新的天国。这种坚信美国在人类历史上扮演着独特作用的信仰一直延续下来，并成为普通美国人话语体系的一部分。

然而，清教牧师也警告说，一旦人们不再虔诚，报应惩罚就会随之而来，正如犹太人因为自己的堕落而遭到耶和华的惩罚。在这种背景下，地震、暴风雨、印第安人的攻击，甚至是1692年巫术审判都被当成上帝对殖民地信众不满的表现。这种与早期相比道德不断沦丧的罪恶感也对后世美国宗教和公众生活产生了长远影响。

与当时的欧洲相比，北美殖民地的阶级划分和性别差异确实并不那么严格，尽管这种差距有时候被夸大了。事实上，即使排除奴隶制，美洲殖民地也远不是启蒙思想家想象的那个没有阶级的乌托邦社会。每个殖民地都有自己的精英阶层，包括牧师、律师和商人；弗吉尼亚的大种植园主；纽约的土地资本家；费城的贵格会当权者；新英格兰的船主。从 1636 年创建的哈佛学院到 1769 年的达特茅斯学院，殖民地共创建了 9 所学院，学院教育使得这种精英社会得以维系。除此之外，殖民地的自耕农和城市手工业者构成了社会中层，在中层以下还有散工、雇农和契约奴。

尽管如此，与欧洲大多数社会相比，殖民地的白人社会分层更为宽松、识字率更高、社会流动性更强。因此，美国社会开放、等级划分不明显的形象，部分要归功于虚构，也部分源自对殖民地社会的准确记忆。即使在贫富两极分化的工业时代，这种形象仍旧保留了下来。

在性别差异方面，殖民地不可避免地复制了那个时代男尊女卑的范式。有产白人男性才有选举权和出任公职的机会，而已婚女性则不得拥有财产和外出谋职。男女的社会职责划分明显，女性只是负责料理家务和抚养子女。1637 年，安妮·哈钦森（Anne Hutchinson）就因为在家庭聚会时批评教会牧师的布道而被教会驱逐，最后被迫离开波士顿。一位牧师告诫她说：“你越界了。你把自己当成了家里的丈夫而不是妻子，自以为是布道者而不是倾听者。”

然而，在现实生活中，性别之间的界限却并非那样严格，妇女在各自生活的社区中也扮演着受人尊敬的社会角色。一些女性，尤其是失去家庭经济支柱的寡妇，也从事着一些“男人”的职业。此外，在工业化之前，园艺、饲养家畜家禽、烘焙、蜡烛制造、缝纫等女性从事的“家务事”往往是家庭经济收入的重要来源。一些年轻女性成为女佣，年长一些的女性成为接生婆，为社区服务。新英格兰地区老妇人还在家中开办“妇女学校”，教育当地孩童。因此，殖民地相对开放的社会结构为妇女们超越传统性别界限划分创造了机会，也为19世纪及后世妇女们进一步突破束缚奠定了基础。

英法帝国之争

尽管社会骚动时有发生，在18世纪60年代之前，由于法国殖民地从北部和西部形成威胁，北美的英国殖民者仍然非常需要英国的庇护。在16世纪30年代雅克·卡蒂埃（Jacques Cartier）探险和圣劳伦斯河流域法国捕鱼营地和贸易点建立后，萨缪尔·德·尚普兰（Samuel de

Champlain）于1608年建立了魁北克殖民地。在法国天主教神父传教的同时，被称为“船工（*voyageurs*）”和“猎人（*coureurs de bois*）”的法国皮毛商人在今天的密歇根、威斯康星和明尼苏达境内从事贸易活动。法国要塞、天主教布道团、贸易点遍布从圣劳伦斯河、五大湖区、密西西比河一直到新奥尔良（建于1718年）的广阔地区，彰显了法国在北美建立帝国的野心。

英国殖民者对法国殖民者的举动一直保持着警惕。早在1654年马萨诸塞民兵就曾将法国人赶出布雷顿角岛。在随后的100年里，法国和英国之间爆发了多场战争，英法殖民者之间也冲突不断。1755年，英国殖民者针对位于今天匹兹堡的法国迪凯纳要塞发动了袭击。这次袭击以失败告终，当时23岁的乔治·华盛顿（George Washington）出任了死于此次冲突的英国将军爱德华·布拉多克（Edward Braddock）的副官。

在七年之战（1756—1763年）中，法国、英国以及其他欧洲列强为争夺主导权而发动战争。战火一直烧到北美大陆，将英法军队、殖民地民兵和双方的印第安盟军全部卷入战争之中。（正是为了凸显印第安部落的加入，英国殖民者将战争的北美战事称为“法国—印第安战争”。）战火席卷了俄亥俄河谷、五大湖区、纽约北部及圣劳伦斯河谷法国占领区。两万余名殖民地志愿军加入英国陆海军作战。尽管英国军队在战争初期节节败退，但是在锐意进取的威廉·皮特（William Pitt）出任首相后，战争局势得以扭转。1759 年，英美联军在魁北克境内击溃法国军队，随后蒙特利尔在 1760 年投降，这场战争的北美战事停火。1763 年签订的《巴黎条约》确认英国在北美大陆密西西比河以西地区的支配地位。

然而，战争却增加了北美殖民地的不满，造成局势紧张。随着法国威胁的消失，英国对殖民地的统治显得更加强势。英国政府颁布了《1763 年公告》，禁止殖民者向西扩张，将阿巴拉契亚山脉以西、密西西比河以东的地区作为印第安人保留地，这导致英国政府和殖民地的关系恶化。另外，英国政府在其新攫取的地区给予法国天主教徒完全的宗教信仰自由，这让殖民地的宗教组织感到紧张，从而进一步激化了殖民者的怒火。此外，为了偿还战争债务，英国议会还提高殖民地的税赋负担。双方的最后摊牌已经不可避免。

第二章

1763—1789：革命、制宪和新共和国的诞生

在华盛顿特区，每天都有来自世界各地的出游家庭和访客在美国国家档案馆门前耐心地排起长队，只为一睹《独立宣言》和《美国宪法》的真容。在一片敬慕之中，虔诚的游客们列队缓缓经过圆形大厅里的一个个拱顶展示柜。

这些被奉为神圣的褪色羊皮纸手稿被一位历史学家称作“美国圣经”，它们的历史要追溯到那个充斥着帝国斗争、群众暴动、血腥战争和政治危机的狂热年代。它们代表着政治家们之间激烈的辩论、冷静的妥协和智慧的创造，而正是这些政治家们缔造了美国的独立，并创造了新共和国的政府模式。

独立之路

七年之战给英国带来了巨大的债务压力，英国议会打算向殖民地征收更重的税赋。在英国政府看来，因为英国军队帮助殖民者打败了其法国敌人，所以征税完全是合情合理的。然而，由于英国议会中没有来自殖民地的议员代表，这些战后税赋和英国政府采取的其他一些措施激怒了殖民者。

这些措施的第一项是 1764 年通过的《糖蜜法》。根据该法案，英国国会降低了北美殖民者从法属西印度群岛进口糖蜜的关税，却同时提高了其他进口商品的关税。为了打击走私，法案还强化了对殖民地商船的查验，并规定走私案件不再属于倾向于从轻发落的地方法官的权限范围，而是交给由英国法官牵头的海事法院审理。

第二项措施是通过了 1765 年《印花税法》，要求殖民地居民在获得报纸、学位证书和法律文件时必须购买特殊印花票，甚至是玩骰子和纸牌都要缴税！《糖蜜法》至少是既能够增加税收还能调节贸易，而《印花税法》唯一的目的就是增税。1765 年《驻营法》规定，殖民地纳税人需要给驻扎在北美的英国军队提供食宿，更是激起了殖民地的不满。

英国当局声称，在享受军事保护和贸易特权的同时，殖民地居民的税赋压力小于英国本土的居民。但是，殖民者则抗议称，由于议会中没有来自殖民地的议员，因此任何税赋都是对殖民地居民权力的侵犯。在弗吉尼亚下议院会议上，帕特里克·亨利（Patrick Henry）提议废除英国政府的法案。波士顿爆发了暴力抗议活动，一群暴民对收税官的塑像处以绞刑，并捣毁了支持《印花税法》的首席大法官托马斯·哈钦森（Thomas Hutchinson）的宅邸。1765 年 10 月，来自 9 个殖民地的代表在纽约市召开会议。在强调殖民地团结一致的基础上，该“反印花税法大会”通过决议，认定英国议会无权对殖民地征税。在一浪高过一浪的抗议浪潮中，英国议会于 1766 年被迫撤销《印花税法》，同时通过《宣示法》重申英国的殖民统治。

《印花税法》撤销后，在殖民地广受好评的威廉·皮特出任首相，英国与北美殖民地之间的紧张关系得以缓和。但是，由于身体不适，皮特很快被顽固派代表财政大臣查尔斯·汤森德（Charles Townshend）取代。1767 年，英国议会通过了《汤森德关税法》，议会强行对殖民地进口的各种产品征收关税，并成立了新的税收部门：美国海关专员委员会。为了安抚殖民地居民的敏感情绪，汤森德称这些关税为“外部税”，以与《印花税法》等规定的“内部税”相区别。但是，在 1767 年，费城律师约翰·迪金森（John Dickinson）发表了名为《宾夕法尼亚农人来信》这个有着误导性标题的小册子，这本影响深远的小册子揭露了汤森德的小把戏。

随着争议的深化，波士顿的塞缪尔·亚当斯（Samuel Adams）向各殖民地散发《马萨诸塞通知信》，谴责英国议会的征税行为。当多个殖民地议会公开支持亚当斯通知信后，这些议会均遭殖民地总督解散。当初为了反对《印花税法》而建立的松散组织“自由之子”得以复兴，号召殖民地居民抵制英国进口商品。1768 年 6 月，波士顿民众向海关官员发起了攻击，原因是这些官员扣押了商人约翰·汉考克（John Hancock）名下的一艘（恰巧名为“自由号”的）商船。英国议会于 1770 年废除了《汤森德关税法》的大部分条款，在一定程度上缓和了紧张局势，而同时，为了彰显英国政府的权威，议会决定继续对殖民地进口的茶叶征税。此外，英国政府还向波士顿增派了一支4,000人的军队，这给北美殖民未来的局势蒙上了一层阴影。

1770年3月5日，波士顿海关的英国驻军向扔石头攻击的抗议人群开火，导致5人死亡，包括美国黑人水手克里斯珀斯·阿塔克斯（Crispus Attucks）。“波士顿惨案”的怒火迅速蔓延开来，波士顿银匠保罗·里维尔（Paul Revere）表现该事件的雕刻作品更是刺激了很多人的神经。

1772年，在塞缪尔·亚当斯的促成下，马萨诸塞各镇成立了通讯委员会，负责协调抵抗运动，“向全世界”发出殖民地反抗的声音。很快，其他殖民地纷纷效仿建立了类似组织。但是，英国议会无视殖民地发出的警告信号，反而于1773年通过了《茶叶法》，以帮助陷入困境的东印度公司倾销过剩茶叶。根据该法案规定，虽然茶叶进口税有所降低（而不是取消），但是东印度公司获得了通过特别代理人在北美销售茶叶的特许权，危及殖民地本土茶商利益。

波士顿再次成为抵抗运动的中心和导火索。1773年12月16日晚，在一场群情激奋的镇民大会后，50来名伪装成印第安人的波士顿人登上了一艘英国商船，将342箱茶叶倒入波士顿港。“波士顿倾茶事件”激怒了英国当局。

英国议会通过一系列《强制法》(在殖民地被称为“不可容忍法案”),关闭波士顿港,又将该殖民地置于英国政府直接管辖之下。为了进一步警告信仰新教的殖民地居民,议会将阿巴拉契亚山以西的广大区域划归信仰天主教的魁北克殖民地疆域。

1774年9月,13块殖民地中除佐治亚州之外,各地代表在费城集会,是为第一次大陆会议。会议公开抨击《强制法》,赞成抵制英国进口商品并批准军事备战。但在这次大会上,与会代表仍宣誓效忠英国国王乔治三世(George Ⅲ),并敦促国王抵制英国议会采取的压迫措施。

为独立正言

殖民地政客、时政评论作家和牧师积极地以时政小册子、报纸文章和布道的方式就独立问题进行辩论,有的人支持独立,有的人则主张通过协商达成妥协。当时已成为马萨诸塞殖民地总督的托马斯·哈钦森声称,继续留在大英帝国所能带来的经济和军事利益远远大于“所谓英国自由城”可能带来的利益。然而,大多数人则是谴责英国议会的税赋和高压措施。值得注意的是,这些人从英国本土的历史中，尤其是1689年光荣革命的历史中，援引了大量证据来阐释自己的观点，因为正是光荣革命结束了詹姆斯二世（James Ⅱ）的专制统治，在英国建立了君主立宪制。与英国激进派一样，殖民地的独立派认为，英国议会中的有产贵族正在与王室密谋践踏个人权利。正如1689年议会反抗的对象是王室，而现在，反抗的对象却变成了议会本身。独立派尤其赞赏伦敦记者和议员约翰·威尔克斯（John Wilkes）的立场，即：应进行议会改革以提高议会的广泛代表性。

殖民地的时政评论作家也广泛引用英国政治作家的作品，尤其是约翰·洛克（John Locke）的经典作品。洛克在《政府论》（1690年）中提出，生命、自由和财产权是所有人的自然权利；政府存在的目的就是保护这些权力；被统治者的认可是政治合法性的唯一基础。正如现代美国社会一样，在殖民地时期，宗教领袖也积极参与政治辩论。尽管以圣公会牧师为主的传教者们仍高唱忠于英国的论调，大多数宗教领袖都加入了谴责英国暴政的阵营，并坚称《圣经》和新教教义都支持殖民地人们的正义事业。一些牧师甚至将乔治三世及其手下的大臣比作基督的敌人、《启示录》预言的恶魔之主。

在大众之中，抗议者在城镇广场立起自由旗杆，高唱支持殖民地正义事业的歌曲。《波士顿公报》刊登了一首诗，前两句写道：

来吧，手拉着手，所有勇敢的美洲人民，

自由的号角已经响起，用你无畏的心去欢迎！

随着抗议之声一浪高过一浪，战争也越来越近了。英国议会无视威廉·皮特（当时的查塔姆勋爵）的调停方案和埃德蒙德·伯克（Edmund Burke）支持殖民地民众的雄辩演讲，于 1775 年 2 月 7 日宣布马萨诸塞殖民地谋反，并授权波士顿英国驻军司令托马斯·盖奇（Thomas Gage）将军进行镇压。

4 月 19 日，近 700 名英国士兵从波士顿向邻近的康科德进发，要占领那里的一个秘密武器库。保罗·里维尔和威廉·道斯（William Dawes）骑马提前一步到达康科德预警。在列克星敦，武装起来的居民与英国军队交上了火，共计 8 名殖民地居民被击毙。英国军队没有发现秘密武器库，只好边打边退返回波士顿。到当天晚上，英国军队共死伤 270 余人，殖民者一方伤亡也接近 100 人。6 月 17 日，英国军队向占领波士顿周边邦克山和布里兹山的武装民兵发起攻击，殖民者伤亡300多人，而英国军队的死伤人数则超过1,000人。

在费城，大陆会议向乔治三世发出了被称为《橄榄枝请愿书》的最终吁求函，在表示继续向英王效忠的同时，敦促双方在波士顿停火，要求英国政府废除《强制法》，提议双方就争议问题进行协商。因为得知大陆会议已经授权乔治·华盛顿组建大陆军，英王和英国议会拒绝了大陆会议的提议。

在革命时期，往往某个单一事件会触发事态变化，让人们从犹豫不决转向毅然决然走上革命之路。美国独立战争的这个时刻出现在1776年1月，来自英国的新移民托马斯·佩因（Thomas Paine）出版了极具煽动性的小册子《常识》，雄辩地阐述了独立的主张。佩因在书中写道："一切正确或合理的元素都要求我们与英国分离。被屠杀者的鲜血和自然之母的啜泣声也在呼喊着：该脱离英国了。"佩因还借用北美殖民地人民的天命观论点，宣称："在很大程度上，美洲人民的事业也是全人类的事业……我们有能力重建整个世界。"佩因将乔治三世和英国王室称为"皇家畜生”。《常识》如同野火般烧遍各个殖民地，激发了殖民地人民的爱国情怀。

独立战争

大陆会议委员会于 1776 年春起草的一份声明中曾这样写道：“这些联合一致的殖民地从此成为、而且按其权利必须成为自由独立的国家。”来自弗吉尼亚的种植园主、政治家托马斯·杰斐逊（Thomas Jefferson）是声明的主要起草人。声明列举了乔治三世为了建立“绝对的暴君统治”、剥夺殖民地人们“生命、自由和财产”的自然权利而“滥用职权和巧取豪夺之行为”。在修改声明的过程中，大陆会议用更加容易产生共鸣的“追求幸福”取代了（约翰·洛克提到的）“财产”一词。7 月 4 日，大陆会议通过了《独立宣言》，原稿现珍藏于美国国家档案馆。大陆会议的第一项外交举措就是派遣本杰明·富兰克林（Benjamin Franklin）作为密使前往巴黎。富兰克林来自费城，是一位受人尊敬的政治家、活动家和公民领袖，在他的努力下，新生共和国获得了法国提供的至关重要的贷款，并最终赢得了法国的军事援助。

COMMON SENSE;

ADDRESSED TO THE

INHABITANTS

OF

AMERICA,

On the following intereſting

SUBJECTS.

I. Of the Origin and Deſign of Government in general, with conciſe Remarks on the Engliſh Conſtitution.

II. Of Monarchy and Hereditary Succeſſion.

III. Thoughts on the preſent State of American Affairs.

IV. Of the preſent Ability of America, with ſome miſcellaneous Reflections.

Man knows no Maſter ſave creating HEAVEN,
Or thoſe whom choice and common good ordain.
THOMSON.

PHILADELPHIA;
Printed, and Sold, by R. BELL, in Third-Street.
MDCCLXXVI.

图 2　托马斯·佩因出版的《常识》（1776 年）极具煽动性，迅速在各个殖民地广泛传播开来，最终加速了殖民地与英国的决裂，并在一定程度上触发了美国独立战争爆发。

独立事业也造成了美洲各英属殖民地间的分裂。英属加拿大殖民地拒绝了大陆会议邀请他们加入独立革命的请求。英属加勒比海殖民地的甘蔗园主表示对独立没有兴趣。即使在13个大陆殖民地中，仍有近20%的白人居民，因为经济、工作以及依恋英国或害怕革命等个人原因，反对独立，这些人被称为“亲英派”。由于受到排挤甚至是暴力侵害，大量亲英派人陆续逃亡英国或加拿大。

在战争开始初期，双方均有各自的优势和劣势。英国有强大的海军和训练有素的陆军，军队指挥官经验丰富，而德国雇佣兵的加入更是一大助力。但是，除了少数亲英派的支持外，英国军队都是在敌占区作战，供给线过长，而且作战环境不利执行传统军事策略和进行阵地战。

大陆军主要由低收入的公民士兵组成，这些士兵常常因为服役期结束或者农事工作的需要而离开军队。但是，殖民地也有明显的优势。他们不仅是本土作战，而且总司令乔治·华盛顿的指挥才能也日臻完善。此外，法国、西班牙、荷兰等英国在欧洲的对手为大陆军提供了至关重要的战略支持。外国志愿兵也在大陆军中扮演重要角色。20岁的拉斐德侯爵（Marquis de Lafayette）来自法国，曾出任华盛顿的副官。来自普鲁士的弗里德里希·冯·施托伊本（Friedrich von Steuben）将军帮助华盛顿训练士兵、制定武器和军事策略标准指南，也起到了关键作用。

在康科德和邦克山战斗失败后，英国军队在威廉·豪（William Howe）将军的指挥下撤离波士顿，进驻长岛，企图截断弗吉尼亚与马萨诸塞之间的联系。海军上将理查德·豪（Richard Howe，威廉·豪的弟弟）则指挥英国舰队在附近海域巡游。威廉·豪在几次小型战役中击败华盛顿指挥的大陆军，并于1776年9月占领了亲英派重镇纽约市。

华盛顿率部从新泽西撤退，跨过德拉瓦河进入宾夕法尼亚地界。在新泽西，大陆军向英国要塞发起反攻并获胜，极大地鼓舞了独立派的士气。但是好景不长，威廉·豪的部队于1777年9月在白兰地溪再次击败大陆军，并占领了费城。大陆会议被迫撤离，华盛顿率领残部在附近的福吉谷度过了一个严酷的冬天。托马斯·佩因在他的新书《美国危机》中这样写道："这是考验人意志的时刻。"

与此同时，在约翰·伯戈因（John Burgoyne）将军的指挥下，英国军队从魁北克出发，沿尚普兰湖和哈得孙河南下，希望与从纽约溯哈得孙河而上的威廉·豪部会合，然后与自西面而来的英国—易洛魁联军会合，从而将新英格兰地区一分为二。然而，在当地民兵和霍拉肖·盖茨（Horatio Gates）将军率领的大陆军的夹击下，伯戈因南下的计划屡屡受挫。1777 年 10 月 17 日，伯戈因部队在纽约的萨拉托加向大陆军投降。萨拉托加大捷后，（一直秘密提供资金支持的）法国承认美国独立并许诺向美国提供直接军事援助。荷兰和西班牙也为美国的独立事业提供了各种支持。

英国部队不得不放弃在北方的战略安排，把重心转移到了南部。1778—1779 年间，英国控制了佐治亚州，并于 1780 年 5 月占领了查尔斯顿。在（1780 年 8 月的）南卡罗来纳州的卡姆登战役中，乔治·康沃利斯（George Cornwallis）将军指挥英军击败了一支美国军队。随后，纳撒内尔·格林（Nathanael Greene）将军率部在南卡罗来纳的偏远地区经过血战战胜英军，扭转了战局，不过这次战斗出现了酷刑和大量平民伤亡。

到 1781 年春天，康沃利斯率领残部转移至弗吉尼亚的约克敦半岛，等待增援和补给。但是，华盛顿率领大陆军从宾夕法尼亚州南下，将康沃利斯残部困在了约克敦。与此同时，法国舰队为华盛顿部运送来增援部队，并挫败了英军从海上撤退的计划。1781 年 10 月 19 日，军乐队奏响《颠倒的世界》，康沃利斯投降。

美国和谈使团与英国谈判代表在巴黎会晤，美国使团由一对出人意料的搭档领衔，分别是来自马萨诸塞州的性格刻板、喜欢道德说教的约翰·亚当斯 (John Adams)，和务实派代表本杰明·富兰克林。和谈顺利进行，双方签署了《1783 年巴黎条约》，英国正式承认美国独立。

革命年代的美国人民

尽管大多数美国妇女并未通过政治途径直接参与革命，但是她们也以抵制茶叶等英国进口商品的方式支持着独立战争。（事实上，美国人对咖啡的偏爱正是始于这个时期。）选择家织土布，拒绝英国生产的纺织品，也是普通民众抵制英国议会税赋政策的方式之一。

独立战争期间，由于家中的丈夫、父亲参军，妇女通过管理农场和经营生意积累了管理经验。自称“自由之女”

的费城精英女性积极为大陆军筹措资金。一些女性在革命意识形态中发现了性别差异的影响。约翰·亚当斯的夫人阿比盖尔（Abigail）就曾在1776年半开玩笑地告诫亚当斯，如果新政府的奠基者们“忘记还有女士们”，“如果制定这些法律时没有考虑女性的意见、没有妇女代表参加的话，我们……不会遵守任何法律。”

在这场帝国斗争中，印第安人的策略也是如履薄冰。在1763年的庞蒂亚克起义中，五大湖地区的印第安人向英国要塞发起了攻击。尽管《1763年公告》承诺保护印第安人权益，但是随着殖民者的西进，双方仍旧冲突不断。在独立战争期间，印第安各部落效忠和联盟的对象受到经济关系、领地冲突和其他考量的影响。在北卡罗来纳州的偏远地区，切诺基人与英军联盟，攻击不断推进的殖民者。在西北领地，在弗吉尼亚青年乔治·罗杰斯·克拉克（George Rogers Clark）的带领下，当地民兵向肖尼人、特拉华人、怀恩多特人和明戈人定居点发动了残酷的袭击。在纽约州北部，亲英派的易洛魁人与大陆军及其盟友塔斯卡罗拉人、奥奈达人交战。整体而言，英国战败加速了白人殖民者向印第安部落领地的扩张。殖民者的“胜利”对于印第安人而言，有着完全不同的意义。

殖民地境内共有50多万黑人，大多数为黑奴。对他们而言，帝国冲突可谓机遇与风险并存。早在1772年，伦敦的一家法院就曾判定被奴隶主带到英国的马萨诸塞黑奴詹姆斯·萨默塞特（James Somersett）为自由人，因此，其他美国黑奴都把英国看作他们获得自由的灯塔。1775年，弗吉尼亚总督邓默尔（Dunmore）勋爵规定，凡是加入英国军队的健壮男性黑奴均可获得自由，共有1,000名左右黑奴响应。这样一来，共有约2万名南方黑奴加入了英国阵营。然而，他们中只有很小一部分获得了自由，大多数人则死于疾病或被抓重新为奴。

不同的是，在北部各州，大多数的黑奴和自由黑人都支持独立事业，一些人甚至加入了地方民兵组织或大陆军。乔治·华盛顿（其本人是奴隶主）反对给予参军黑奴自由的提议，他的理由很简单，因为他认为这样做会“让仍是黑奴身份的人更加仇恨奴隶制”。尽管如此，自然权利观凸显了奴隶制的悖论，并激起了北方各州的反奴隶制情绪。一位从奴隶主手上逃脱的罗德岛黑奴事后回忆说：“当我看到自由旗杆和人们都参与了争取自由的运动时，我禁不住……感到高兴。”尽管奴隶制是在几十年后才被废除，但是独立战争时期就已经为废除奴隶制打下了基础。

共和国的创立

在宣布独立后，美国人面临的挑战是如何实现自治。在 1777 年战争还未结束时，大陆会议通过了《十三州邦联宪法》(下简称《邦联宪法》)。在《邦联宪法》框架下，大陆会议取得了一些重大成就，比如签署《巴黎和约》、赢得美国独立和通过 1787 年《西北法令》。其中，《西北法令》就未来在阿巴拉契亚山脉、五大湖区、密西西比河和俄亥俄河之间的这块区域进行勘探、定居和建州等事项作了明确规定。《西北法令》的一个重要条款规定：政府可以通过土地买卖来筹集公共教育经费。根据该法令，禁止在这片区域实行奴隶制，并声称遵守与印第安部落签署的各项条约，而最后一条很快就遭到违反，形同虚设了。

尽管取得了一定的成就，事实证明邦联体制是脆弱无力的。由于没有行政和司法部门，邦联体制下仅设有一院制邦联议会，议员每年选举一次，无论人口多少每州一票。议会负责印发货币、运送邮件和缔结条约，但无权征税、管理贸易和建立军队。因为美国人对英国议会滥用权力的做法仍记忆犹新,《邦联宪法》刻意限制中央政府的权力,保留各州主权独立。独立战争后的经济危机更是凸显了邦联制的弊端。1786 年爆发的马萨诸塞州农民起义,史称“谢斯起义”,集中反映了当时的社会动荡和免债呼声,也给保守派和有产阶级敲响了警钟,增强中央政府权力迫在眉睫。

1787 年 2 月,议会提请各州派代表前往费城以修订《邦联宪法》。除罗德岛州因担心丧失征收进口税权未派代表出席外,其他各州均积极响应。制宪会议在 5 月正式召开,代表们决定完全抛弃原有的《邦联宪法》,而着手制定全新的美国宪法。在那个炎热的夏季,各州代表进行了激烈的辩论、维护本州利益、交流政治和社会观点、吸收各殖民地多年来实行自治的宝贵经验。为了平衡大小州之间的差异,制宪会议代表决定建立两院制国会,其中：参议院由各州分别派两位参议员组成,众议院则根据各州人口数量选出相应数量的众议员构成。

来自弗吉尼亚的詹姆斯·麦迪逊（James Madison）记录下了整个辩论过程,这些记录反映出制宪会议代表对古往今来政治理论和治国之道的深刻理解和广博知识。很多代表引用洛克有关自然权利的理论（以及与之一脉相承的苏格兰哲学家戴维·休谟 [David Hume] 的思想），认定民众的认可是政府合法性的唯一来源。他们还援引共和派理论家的观点，比如文艺复兴时期佛罗伦萨政治家尼可罗·马基雅弗利（Niccolò Machiavelli）有关公民德行和对公共利益的关心是社会安定的基础的理论。受到托马斯·霍布斯（Thomas Hobbes）1651 年出版的《利维坦》和加尔文教派学说的影响，保守派代表则强调称，要避免社会动荡和被霍布斯称为“一切人对一切人的战争”的内战，就必须建立一个强有力的中央政府。法国理论家孟德斯鸠（Montesquieu）在《论法的精神》（1748 年）一书中主张，需要通过分权来避免专制，他的这一观点对制宪会议也产生了重大影响。

制宪会议起草的文件表明了与会代表对专制的担忧，而刚刚结束的独立战争正是为了反抗专制。文件不仅明确划分了联邦政府和州政府之间的权责，还将联邦政府权力划归三个不同部门：两院制国会、总统领导下的行政部门和以最高法院为代表的独立司法部门，其中最高法院院长由总统提名、参议院投票批准产生。权力制衡限制了各个部门的权力。比如，总统有权否决国会通过的议案，但国会仍可以 2/3 赞同的绝对多数推翻总统的否决。在当时，皇权和世袭贵族仍占主导地位，而根据《美国宪法》创建的共和国却按照规定需要通过选举向美国人民负责，宪法第一句就 以“我们美利坚合众国的人民”开头。此外，宪法草案表明代表们对“民主”也心存怀疑，因为“民主”往往让人联想起“暴民统治”。根据宪法草案规定，由各州州议会而非通过普选方式选举参议员；此外，选民并不直接选举总统和副总统，而是选举出“选举人”，最后由“选举人”投票确定总统选举结果，而且只有有产男性可以参与联邦选举投票。(《美国宪法》规定所有有权参与州众议院选举投票的人都享有参与联邦选举投票的权力，而当时各州对于选举投票权都设定了财产要求。）在奴隶主的坚持下，与奴隶制相关的条文也被写进宪法。（因为担心共和国宪法中直接出现“奴隶制”不合时宜，制宪会议代表在草案中用“其他人”[见第一条第二款]和“服役或服劳役者”[第四条第二款]等婉言来指代黑奴。）宪法还规定：从一州逃往另一州的黑奴在被抓后，应被遣返交给奴隶主；在根据各州人口数量分配各州众议院议席时，黑奴人口按照 3/5 计算；甚至允许黑奴贸易继续存在 20 年。

是年 9 月，制宪会议将宪法草案提交各州议会批准，却引来了一片质疑之声。小农场主认为草案过多考虑了城市商业和银行利益。以来自弗吉尼亚的帕特里克·亨利（Patrick Henry）为代表的反对者批评称：宪法草案未能保护个人权力和州权，存在着出现专制的风险。宪法草案的支持者被称为联邦党人，包括了独立战争中著名领袖人物。为了消除反对者的担忧，联邦党人保证将支持通过《权利法案》。随后，《权利法案》于 1791 年以宪法头十条修正案的形式得以通过，其中一条规定：宪法未明确授予联邦政府的一切权力，归各州或人民所有和行使。

在是否批准宪法草案的辩论中，《联邦党人文集》起到了重要作用，该文集成为美国重要的政治理论著作。《联邦党人文集》包括亚历山大·汉密尔顿（Alexander Hamilton）、詹姆斯·麦迪逊、约翰·杰伊（John Jay）三人在纽约市出版的报刊上以“普布利乌斯（Publius）”为同一笔名而发表的 85 篇文章。三人中以前两人为主，其中汉密尔顿主要论述为什么需要建立强有力的联邦政府，麦迪逊则负责解释宪法规定的三权分立和制衡制度。当时一些人担心在大国建立共和制政府难以成功，麦迪逊在第十篇中进行了反驳，指出：美国多元化的经济、地域和其他利益将可以相互制衡，进而确保社会的整体稳定。

渐渐地，越来越多的人转而支持宪法草案。到 1788 年夏，宪法草案在包括马萨诸塞州、弗吉尼亚州和曾经有所保留的纽约州在内的 9 个州获得批准，进而按照相关规定，正式生效。在同年 11 月进行的第一次联邦选举中，乔治·华盛顿以全票当选总统。第二年 4 月 30 日，华盛顿未着戎装，而是穿着棕色西服在纽约市宣誓就任总统。当时人们就如何敬称总统提出了各种建议，华盛顿明确表示他最喜欢的称谓是："总统先生"。

在这风云变化的 13 年中，英国的 13 个殖民地赢得了独立，并建立了新的共和国。尽管有着时代的烙印，尽管还有奴隶制这样的污点，《1787 年美国宪法》仍是一项卓越的成就，并在此基础上创建了第一个现代共和制政府。从诞生之日起到今天，美国宪法不仅能够适应时代的变化，而且一直忠于建国之父们的愿景。

那么，美国是如何应对各种亟待解决的国内问题，如何在世界舞台上初试啼声？且听下回分解。

第三章

1789—1850：新共和国的希望与隐忧

随着新政府的建立，国内政党开始出现，外交官则开始在重重危机中为美国赢得生存和发展的机会。在这段共和国成长的岁月中，美国出现了社会和经济变革、改良主义浪潮和宗教骚乱，以及被一些人冠称为“美国文艺复兴”的文化创新浪潮。一位历史学家曾用一个词语概括这整个历史阶段，称之为“自由的骚动”。

政党政治的兴起

1799 年，两任美国总统的乔治·华盛顿逝世之时，已然成为美国人民永记心中的先贤之士。同样来自弗吉尼亚州的亨利·李（Henry Lee）称华盛顿是“战争中的第一人，和平时的第一人，同胞心中的第一人”。然而，对美国革命英雄的哀悼并不能掩藏共和国暗流涌动的政治分歧。尽管《美国宪法》并未提及政党，事实上，建国之父们对政党政治是深恶痛绝的。在1796年离职演说中，华盛顿告诫美国人民警惕“权力欲驱使的、狡猾的”政客为了个人利益而产生的派别之争。

尽管如此，不同利益与思想观念仍不可避免地造成了派别冲突，两方的代表人物也都是华盛顿政府内阁中重要成员，分别是财政部长亚历山大·汉密尔顿和国务卿托马斯·杰斐逊。汉密尔顿是来自英属西印度群岛的移民，在独立战争期间就曾出任华盛顿的幕僚。因为对民主制度心存疑虑，汉密尔顿主张建立强有力的中央政府，而且政府应与有产阶级建立同盟关系。为了刺激经济发展，巩固政府与工商阶级的联系，汉密尔顿于1791年创立了美利坚银行，并推动国会通过议案，由政府按照面值回购战争期间国会印发的早已贬值的货币，而当时这些货币主要集中在投机商手中。汉密尔顿还提议，由联邦政府偿还各州的战争债务。由于这一措施主要对北方各州有益，因此，在汉密尔顿、杰斐逊和麦迪逊的促成下，决定将美国首都设在南部地区，由弗吉尼亚州和马里兰州划出一部分土地作为首都，这就是今天的华盛顿特区。1794 年，宾夕法尼亚西部的农夫为了抵制联邦政府对白酒征税爆发了“威士忌暴乱”，汉密尔顿重着戎装，与华盛顿一道亲自领兵平息了这场动乱。汉密尔顿的支持者们组成了美国的第一个政党：联邦党。在他的领导下（直至汉密尔顿死于 1804 年与阿龙·伯尔 [Aaron Burr] 的决斗），联邦党以北部各州为重心，获得了放贷者、商人、企业家和大地主的支持。

杰斐逊则代表着另一种利益和世界观。杰斐逊对强力政府和大城市充满怀疑，却将从事耕作的农民看作美德的化身。尽管身为奴隶主，他信奉约翰·洛克以及其他激进派理论家有关自然权利的学说。以杰斐逊为领袖，民主共和党吸引了小农户、城镇工人以及反对汉密尔顿激进政策的州权维护者。党派报纸编辑更是进一步强化了这种党派分歧。

1789 年法国大革命爆发初期，杰斐逊表示欢迎。他认为，由于美国自己也曾经历革命，因此美国应该支持其他国家和地区的革命运动。然而，大革命却让联邦党人惊出一身冷汗，法国贵族乃至王室成员被推上断头台更让他们坐立不安。1793 年英国向法国宣战，得到了美国联邦党人的欢迎。后来，随着汉密尔顿的影响力不断扩大，杰斐逊在 1793 年从美国政府离职。

在英法战争期间，英国战舰扣留与法属西印度群岛进行贸易的美国商船，逮捕那些被怀疑是英国皇家海军逃兵的美国海员。1795 年联邦党人约翰·杰伊代表美国与英国签订条约，英国政府对因此让美国遭受的损失进行了部分赔偿，但是，民主共和党却批评杰伊未能更好地保护美国作为中立国的利益。

1796 年，杰斐逊当选副总统，而当时的总统约翰·亚当斯却是联邦党人。1798 年，在联邦党人的努力下，国会通过了“外侨和惩治叛乱系列法案”，仓促应对法国局势可能带来的不利影响。依据这些法案，联邦党法官和陪审团把矛头不仅指向可疑外侨，而且针对杰斐逊党派的报纸编辑们。1800 年，杰斐逊当选美国总统，实现了政权在党派之间的和平转移，预示了未来政府的平稳交替。杰斐逊上台伊始就完成了路易斯安那购地案，为他赢得好评，但杰斐逊在第二任期内保护美国航运业的措施却引起了争议。19 世纪初，即拿破仑·波拿巴（Napoleon Bonaparte）

统治法国时期，英法之间再次爆发战争，交战双方都采取措施防止美国与敌对国进行贸易往来。杰斐逊对交战双方实行出口禁运，希望借此迫使英法承认美国作为中立国的权力。然而，这项措施并未达到预期成果，反而因为禁运带来的负面经济影响广受诟病，批评之声最大的正是反对杰斐逊及其政党的北部商人和船主。

1812 年，在杰斐逊的继任者詹姆斯·麦迪逊的任期内，由于英国对美国商船的不断骚扰，英美之间爆发了战争。在国会“主战鹰派”的煽动下，美国向加拿大发起进攻，但除了在伊利湖赢得水战胜利外，美军节节败退。更糟的是，英军于 1814 年 8 月占领华盛顿特区，并一把火烧毁了新建的总统官邸。（当时的美国第一夫人多利·麦迪逊 [Dolley Madison] 在出逃时带出了吉尔伯特·斯图亚特 [Gilbert Stuart] 创作的乔治·华盛顿肖像画。）

1812 年战争也被称作“麦迪逊之战”，在新英格兰地区颇为不得人心，一些联邦党政客甚至考虑要脱离联邦。幸运的是，1814 年 12 月，英国在欧洲战事中陷入被动，随后各方代表在比利时的根特召开和会并签订条约，战争告一段落。然而，包围新奥尔良的英国军队将领却未得知这一消息。结果在1815年1月8日，安德鲁·杰克逊（Andrew Jackson）将军率领美国民兵向入侵英军发起了进攻，击毙包括英军指挥官在内的291人，打伤英军近1,300人。

尽管《根特条约》并未满足美国的大部分诉求，但是美国起码避免了在“第二次独立战争”[1]中战败的命运，而新奥尔良大捷更是激发了美国人民的民族自豪感。战争结束后，联邦党日渐式微，麦迪逊赢得连任。1823年，因为怀疑法国干预西班牙殖民地古巴的事务，英国政府提议发表英美联合声明，向法国的干预行为发出警告。然而，时任国务卿约翰·昆西·亚当斯（John Quincy Adams）提醒詹姆斯·门罗总统（James Monroe，1816年继麦迪逊后出任美国总统）说，美国绝对不能变成“好战英国的小跟班”。因此，门罗转而发表了由亚当斯起草的独立声明，警告欧洲列强不得继续在西半球进行殖民扩张，这就是所谓的门罗主义。门罗主义彰显了美国在应对国际事务时的信心日渐增强。

在1824年的总统选举中，尽管安德鲁·杰克逊（Andrew Jackson）获得的选票最多，但未能获得选举人团多数票。

1 即1812年战争。

按照规定，总统选举结果最终交由众议院裁决。在众议院投票中，另一位总统候选人、来自肯塔基州的亨利·克莱（Henry Clay）支持选票排名第二的约翰·昆西·亚当斯赢得了总统宝座。宣誓就职后，亚当斯即任命亨利·克莱为国务卿，这招致了杰克逊支持者的愤怒批评，称这是一次“腐败交易”。在上台后，亚当斯提出了一项宏大的国家发展规划，包括联邦政府支持农业、商业和交通发展、由联邦政府出资建设国家天文台和国立大学。这让强调州权至上的人感到失望，同时“腐败交易”的指责也一直困扰着亚当斯，这些导致了亚当斯竞选连任失败。

尽管联邦党已经衰落，最高法院首席大法官约翰·马歇尔（John Marshall）却仍然坚守着联邦党人支持强力政府和重商的信条。1801 年，由约翰·亚当斯提名，马歇尔出任最高法院大法官，此后他一直担任此职位，直至 1835 年去世。在一系列里程碑式的案件中，马歇尔不仅强化了联邦权力高于州权的地位，更是维护和践行了司法部门判定国会法案是否违宪的权力。在“达特茅斯学院诉伍德沃德案”（1819 年）中，马歇尔支持契约不可侵犯，这对于资本主义企业而言至关重要。此外，在“麦卡洛诉马里兰案”（1819 年）中，马歇尔裁定马里兰州向第二合众国银行（于 1816 年由国会批准建立）征税的做法违宪，从而进一步维护了联邦权力。

1828 年安德鲁·杰克逊当选总统，这一事件成为美国政治的分水岭。杰克逊与其历届前任有着天壤之别。杰克逊生于南卡罗来纳州，14 岁时成了孤儿。随后他移居田纳西州，并通过自己的努力成为政治家、种植园主和民兵军官。在 1815 年新奥尔良之战中，杰克逊声名大振。杰克逊代表的是美国西部的个人主义和平等主义。杰克逊宣誓就职时，欢欣鼓舞的支持者们涌入华盛顿为他们的英雄喝彩。1832 年，杰克逊赢得连任，在大选中战胜了另一位来自西部的政客、保守的辉格党候选人亨利·克莱。

杰克逊竞选获胜标志着美国在人口结构和政治理念上出现了巨变。随着人口向内陆的流动，以及投票权的财产要求被废除，选民的范围不断扩大，新获得选举权的人群包括：南部的棉花种植者、西部的农民和企业主，以及东部的体力劳动者和工厂工人。这些选民团结起来支持杰克逊，这一支持运动在 1832 年建立了自己组织：民主党。在这一过程中，由杰克逊亲信组成的被称为“厨房内阁”

的核心集团扮演了重要作用，这其中就包括了两位报纸编辑阿莫斯·肯德尔（Amos Kendall）和弗朗西斯·普雷斯顿·布莱尔（Francis Preston Blair）。

出于对精英和既得利益集团的不信任，杰克逊一派反对旨在保护国内制造业者的高关税制度，同时对联邦政府特许建立的第二合众国银行表示反感。当时总部设在费城的第二合众国银行已经在 8 个州开设了分行。在杰克逊看来，第二合众国银行代表的是“金钱势力”，这股庞大势力正企图扼杀国内广泛的经济活力来源，包括 400 家自由的州立银行。杰克逊甚至将与“银行怪兽”的斗争看作是自己与第二合众银行行长尼古拉斯 · 比德尔（Nicholas Biddle）的个人恩怨。1832 年，杰克逊否决了国会先前通过的有关延长第二合众国银行特许权期限的法案，随后通过撤回联邦政府资金，极大地削弱了第二合众国银行。这场所谓的“银行之争”在一定程度上导致了 1837 年的商业恐慌，以及随后几年的经济困难，但是对于杰克逊而言，这场胜利是“美国人民”对既得利益集团的胜利。现在看来，这场争斗主要是老牌精英集团与在迅速发展的西部和城镇中心不断崛起的企业和工商业新兴利益集团之间的较量。

杰克逊的政治对手、来自南卡罗来纳州的副总统约翰·C. 卡尔霍恩（John C. Calhoun）在该州掀起了一场运动，旨在废除让南方各州觉得具有压迫性的1832年关税法。尽管杰克逊并不信任联邦权力，但是他却不遗余力地抵制了这场运动，并威胁动用武力，主张废除1832年关税法的人被迫放弃。

尽管保守派精英对杰克逊式民主的不成熟颇有微词，但是这种民主的确代表了主张扩张的白人野心家们的旺盛活力。1840年总统选举中，保守的、亲工商业的辉格党效仿民主党的竞选策略，组织火炬游行、建造小木屋、免费发放烈性苹果酒，最终成功地为自己的候选人威廉·亨利·哈里森（William Henry Harrison）赢得了总统宝座。年迈的哈里森生于俄亥俄州，曾多次参加与印第安人的战争。不幸的是，在室外发表了冗长的就职演说后，哈里森就患上了肺炎，并在一个月后辞世。

生机勃勃的美国社会

在赢得独立后的几十年里，美国人的自信心（一些人称其为傲慢自大）不断增强。爱国演说家们纷纷找出各种理由为这种乐观情绪辩护。由于移民的不断涌入和高生育率，到 1850 年，美国白人人口总数超过 2,100 万，比 1790 年增长了 5 倍。仅仅在 1845 至 1854 的 10 年中，就有近 300 万移民来到美国，其中包括因为马铃薯疫病而逃亡美国的大量爱尔兰人。很多移民选择到美国西部寻找机会，另外一些人则选择定居东部沿海城市，靠当劳工、家仆或工厂工人谋生。

与此同时，美国的领土疆域也迅速扩大。1803 年，为了保证欧洲战事的经费开支，拿破仑开价 1,500 万美元出售路易斯安那地区，美国驻巴黎使馆的外交官迅速响应，买下了这片近 83 万平方英里的广袤土地，这让美国的西部边界迅速由密西西比河推进到落基山脉。杰斐逊总统克服了联邦党人的抗议和有关交易是否违宪争论的重重阻碍，批准并完成了这次购地交易，并授权刘易斯（Lewis）和克拉克（Clark）远征队（1804—1806 年）对新领地进行探索。1819 年，西班牙将佛罗里达割让给美国；1846 年，根据与英国签订的协议，美国获得了今天的华盛顿州、俄勒冈州和爱达荷州所在的大片土地。

1836年，得克萨斯的英裔美国人宣布得克萨斯独立，而当时得克萨斯还是西属墨西哥的一部分。墨西哥军队在圣安东尼奥市击毙了186名保卫阿拉莫传教站的独立派战士，但是很快，山姆·休斯顿（Sam Houston）打着“牢记阿拉莫”的旗号，领导得克萨斯人在圣哈辛托战役中击败了墨西哥军队，保卫了得克萨斯的独立。1845年，得克萨斯人通过投票决定作为一个州并入美国。

墨西哥与美国就边界划分一直争论不休，而与此同时，扩张主义者却声称向西部的不断扩张是美国的“天定命运”。又一场争议领土冲突后，1846年5月，在来自田纳西州的民主党总统詹姆斯·波尔克（James Polk）的促成下，国会通过决议向墨西哥宣战。美军获得了一连串胜利，温菲尔德·斯科特（Winfield Scott）将军率部在是年9月攻占墨西哥城。墨西哥投降，将近50万平方英里的土地割让给美国，覆盖现今的亚利桑那州、加利福尼亚州、内华达州和犹他州。1848年淘金热移民潮导致加利福尼亚州人口激增，该州于1850年正式加入美国。在短短的几十年里，原先的大西洋沿岸13州迅速成为横贯整个北美大陆的大国，领土从大西洋一直延伸到太平洋沿岸。

随着拓疆者大量向西迁徙，从1803年俄亥俄州建州开始，不断有新的州加入美国。公路、运河和铁路线源源不断地运送新来者向西迁徙。1806年，国会授权兴建美国第一条州际公路"国家公路"。"国家公路"始于马里兰州，一路向西，于1839年建至伊利诺伊州的万达利亚。连接哈得孙河和伊利湖的伊利运河于1825年正式开通。由各州政府和私人企业家出资建设的运河项目不断增长，同时铁路网建设也迅速发展。1828年7月4日，《独立宣言》签署人之一的查尔斯·卡罗尔（Charles Carroll）为巴尔的摩—俄亥俄铁路奠基。截至1850年，美国铁路总里程长达9,000英里。

人口增长、领土扩张和交通基础设施发展促进了经济发展。农业仍然占据首要位置，南方以棉花和烟草种植为主，北方和西部则主要种植粮食作物和发展畜牧业。到19世纪50年代，美国出口（主要为农业产品出口）年均总额达到2.5亿美元。此外，由于熟练掌握英国生产技术的移民的涌入，美国的工业也不断发展。1822年，波士顿投资者在附近的洛厄尔镇的梅里马克河沿岸投资新建了一家机械化纺织厂。纺织厂早期的工人主要为年轻农场妇女，但是很快就被新移民所替代。

很快，遍布北部各州的工厂就能够生产纺织品、鞋、钟表、枪支、机器、铁路机车，以及其他各种产品。随着蒸汽机取代水车，到 1860 年，美国工厂的年生产总值就已经接近 20 亿美元。尽管工业革命的伟大时代尚未到来，但是到 19 世纪中叶，美国已经为工业化奠定了坚实的基础。

社会矛盾与改良主义浪潮

在国家发展的大趋势下，社会现实的阴暗面也突显出来。由于工厂薪金仅够勉强糊口，美国城镇贫困人口激增，阶级差距日益扩大。信仰天主教的爱尔兰移民遭到敌视，甚至成为暴力袭击的受害者。成立于 1843 年的反移民政党美国人党赢得了广泛的支持。

西进运动给北美印第安部族带去了毁灭性的打击。在 1811 年印第安纳领地爆发的一场战役中，威廉·亨利·哈里森率领美军击溃了肖尼部落首领特库姆塞（Tecumseh）领导的印第安部落联盟。这一次，因为无法再次利用欧洲列强之间的冲突，西北领地内的印第安人被迫要么不断向西迁徙，要么偏安保留地之中。1832 年，在部落首领黑鹰（Black Hawk）的率领下，索克人与其他印第安部落企图收回密西西比河以东他们世代生活的土地，却遭到了残酷镇压。

在南方，根据《印第安人迁移法》(1830 年)，切诺基人和其他印第安部落被赶出了他们世代居住的土地。尽管马歇尔首席大法官在两个著名案件中判定印第安人获胜，但是州政府官员和杰克逊总统却对此熟视无睹。杰克逊甚至讥讽道："马歇尔先生作了裁决，现在他得靠自己去执行。"在 1830 年《国情咨文》中，杰克逊称：当"这些野蛮的猎人"被驱逐后，南方将"迅速实现人口、财富和实力的增长"。在那个时代，杰克逊曾被视为"美国民主崛起"和"平民时代到来"的代言人，而从今天的角度看，他身上的光环却少了很多。在美国军队的铁蹄下，印第安部落背井离乡，沿着所谓的"血泪之路"迁移到今天的俄克拉荷马州境内，成千上万的印第安人在迁徙的路上倒下，埋骨他乡。

动荡的社会变迁也成为宗教奋兴、乌托邦改革尝试和改良运动的沃土。周期性宗教奋兴运动不断越过南部边疆，其中，查尔斯·芬尼（Charles Finney）从1825年起领导的奋兴运动很快在北部城市吸引了大批信众；威廉·米勒（William Miller）预言基督将于1844年返回人间，在新英格兰地区聚集了大批信徒；约瑟夫·史密斯（Joseph Smith）于1830年发表了《摩门经》，声称自己是在超自然力量的协助下发现并翻译了这部经典，成功地吸引了一批追随者。《摩门经》反映了新英格兰地区清教徒的天定命运观，将北美大陆描述成肩负着神圣使命的特殊之地。

随着城市和工厂的发展，在19世纪40年代，美国耶稣基督复临归一会建立了多个禁欲社区，遍及从缅因州到肯塔基州的广大区域。耶稣基督复临归一会又称震教派，是英国的一个教派，其信徒早在1774年就来到了美国。这些社区因其特殊的礼拜仪式、做工精巧的手工制品和种子等其他产品而受到关注。在艾奥瓦州、宾夕法尼亚州、新哈莫尼、印第安纳州以及波士顿附近的布鲁克农场，其他宗教和非宗教性质的公社组织不断涌现。一些人成为法国空想社会主义者夏尔·傅立叶（Charles Fourier）理论的追随者。这些公社组织的创始人天真地希望合作能够取代竞争性个人主义，在社会上占据主导地位。

然而，基督并未在 1844 年重返人间；约瑟夫·史密斯却在 1844 年被杀害(不过他创立的新教派仍继续存在)；乌托邦社区也逐渐消亡。尽管如此，人们对社会改良的渴望并未消除，改革运动席卷美国。禁酒派倡导人们远离酒精；守安息日者敦促国会通过将周日定为休息日的法案；还有一些人则宣扬应仁慈地对待囚犯和疯子。马萨诸塞州的贺拉斯·曼（Horace Mann）为改善公立学校而积极活动。在北部各州，废奴的努力虽然也遭到一些人的反对，但是废奴的呼声却越来越大。

城镇中产阶级崛起，一些女性开始对传统的性别角色分工和家长制提出质疑。1848 年，纽约州塞尼卡瀑布城的伊丽莎白·卡迪·斯坦顿（Elizabeth Cady Stanton）、费城的贵格会牧师卢克丽霞·莫特（Lucretia Mott）和其他几人在塞尼卡瀑布城召开了一次妇女权利大会。大会宣言引用《独立宣言》称“男人和女人生来平等”，并提出要求实现全面性别平等。尽管前路仍有重重障碍，但这仍标志着女权运动的兴起。(出席 1848 年大会的一位年轻代表后来活到了女性获得选举权的 1920 年选举并参加了投票。)

这些宗教运动和改革尝试表明，当时美国社会渴望再现革命年代所憧憬的社会变革。尽管有诸多社会变革和问题，一些人仍然幻想着要实现托马斯·佩因在 1776 年提及的那个令人心向往之的“新世界”。

共和国的艺术与文化

1820 年，一个苏格兰记者曾嘲讽道：“谁会读美国人写的书……又有谁会去看由美国人创作的画和雕像？”这样的话刺痛了美国的艺术家和作家，他们不遗余力地要在美国取得政治和经济成就的同时，推动美国文化的发展。独立战争胜利初期，吉尔伯特·斯图亚特、约翰·特兰伯尔（John Trumbull）等画家用自己的作品记录下了独立战争和制宪会议的英雄人物和场景。19 世纪 30 年代，欧洲浪漫主义运动专注于对壮丽荒野、别致乡村和古代遗迹的呈现，受到这股风潮的影响，美国艺术家也开始在自然中寻求创作灵感。尽管工厂、城市和铁路网正在不断蚕食自然之美，但是亚瑟·杜兰德（Asher Durand）等画家创作

图 3　在这幅 1851 年出品的禁酒海报上，一位年轻男士拒绝了身穿黑色长袍的妖艳女子递来的一杯酒，而选择了白衣少女奉上的清水。海报反映了那是一个倡导道德改革的年代。

了一幅幅浪漫主义的风景画，画中有哈得孙河、康涅狄格河、卡茨基尔山、阿迪朗达克山，以及令人惊叹的尼亚加拉瀑布。

在题为《帝国兴衰》(1833—1836年)的系列四格讽喻画中，托马斯·科尔(Thomas Cole)记录了社会如何从原初的纯真走向灾难性的毁灭，激起了一种不安的情绪。因为受到铁路公司委托，乔治·因尼斯(George Inness)在1855年创作了《拉克瓦纳山谷》，除了不得已出现的小火车和圆形车库外，这幅作品表现的完全是宾夕法尼亚州田园诗歌般的美景。

作家们也对演变中的美国社会有着自己的思考。在1820年发表的短篇小说《瑞普·凡·温克尔》中，华盛顿·欧文(Washington Irving)在浪漫化地描绘殖民地时期生活的同时，也指出变化是不可避免的。在《最后的莫西干人》(1826年)等小说作品中，詹姆斯·费尼莫尔·库珀(James Fenimore Cooper)对农场和城镇不断推进的历史背景下印第安人和伐木工的命运作了浪漫主义的描写。埃德加·艾伦·坡(Edgar Allan Poe)则用《厄舍府的倒塌》等恐怖小说表现了悲观版的浪漫主义。但是，艾伦·坡也有一些反映社会现实的作品，如《人群中的人》（1840 年），以及以巴黎为背景却基于纽约市一起真实谋杀案而创作的《玛丽·罗杰疑案》（1842 年）。

19 世纪 50 年代，美国文学创作进入活跃期。纳撒尼尔·霍桑（Nathaniel Hawthorne）发表了《红字》（1850 年）和《带七个尖顶的阁楼》（1851 年），考察了新英格兰先民的原罪观。赫尔曼·梅尔维尔（Herman Melville）的《白鲸记》（1851 年）以作者本人的航海经验为基础，记录了乘坐捕鲸船出海的生活体验，探求了船员的情感生活，描绘了船长如何偏执地追捕一条大白鲸，在作品中，船长的偏执具有很强的隐喻性。尽管在当时并未受到关注，《白鲸记》现在已经成为美国文学经典作品之一。沃特·惠特曼（Walt Whitman）出生于布鲁克林，曾是一名记者，后转行成为诗人，并发表了《草叶集》（1855 年）。他歌颂了美国日益多元化的生活方式，更是以让同时代人咋舌的坦诚公开承认了自己的同性恋者身份。

与此同时，在德国唯心主义哲学家伊曼纽尔·康德（Immanuel Kant），以及塞缪尔·泰勒·柯尔律治（Samuel Taylor Coleridge）、威廉·华兹华斯（William

Wordsworth）、托马斯·卡莱尔（Thomas Carlyle）等英国诗人和作家的影响下，新英格兰地区出现了一群试图超越世俗经验以追求纯粹知觉的“超验主义者”。来自马萨诸塞州康科德的拉尔夫·沃尔多·爱默生（Ralph Waldo Emerson）是超验主义者的领袖人物，他于1832年辞去一位论教派牧师的工作，专注于写作和讲学。在1832年哈佛大学神学院的一次演讲和《论自然》（1836年）一文中，爱默生摒弃了宗教教义，转而认为只有依靠直觉才能获得真理。

在重视个人洞察力的同时，超验主义者也致力推动文化和社会发展。马萨诸塞州的布鲁克农场就是超验主义者的乌托邦公社项目。在《美国学者》（1837）一文中，爱默生哀叹美国人在精神上仍然依附于欧洲，倡导建立以美国自身社会历史经验为基础的民族文化。这篇文章被一位同代人称为美国的“精神独立宣言”。1845年，超验主义杂志《日晷》编辑玛格丽特·富勒（Margaret Fuller）发表了《十九世纪的女性》一书。在书中，富勒提出，女权主义是爱默生所倡导的文化觉醒运动中的重要组成部分。

与爱默生一样，亨利·梭罗（Henry Thoreau）也同样来自康科德。梭罗是最早倡导保护生态的人之一，对自然和人类社会有着敏锐的观察力，并不时参加各种政治运动。为了表示对墨西哥战争及支持战争的南方奴隶主的抗议，梭罗曾拒绝缴税，并因此在1846年被监禁一段时间。他的作品《论公民的不服从》（1849年）为消极抵抗不公正的法律正言，激励了一代又一代的改革家和活动家。1854年出版的《瓦尔登湖》记录了他在瓦尔登湖畔自己搭建的小木屋里两年的生涯。在书中，梭罗对正在经历巨大社会和技术变革的美国社会生活进行了反思。

在这个时期，活跃的不仅是阳春白雪的作家和思想家。在美国内战爆发之前，美国还产生了略显粗俗的流行文化。实际上，今天流行的电视真人秀和超市小报的雏形就是在这个时期诞生的。在纽约市的妓院、酒馆和露天啤酒馆中，詹姆斯·戈登·本内特（James Gordon Bennett）创办的《纽约先驱报》等各种小报刊登载着各式各样耸人听闻的都市新闻，以娱乐读者。音乐厅既演奏史蒂芬·福斯特（Stephen Foster）创作的伤感民谣，也上演着拿黑人和移民寻开心的拙劣滑稽戏。1836年，一名漂亮妓女海伦·朱厄特（Helen Jewett）被谋杀的案件曾一时盛嚣尘上，而且类似的丑闻事件层出不穷，这些事件既带来了大量艳俗的新闻报道，更是让道德改革家们惊出一身冷汗。这些也构成了美国社会生活的另一面。

外人眼中的美国

在这段美国迅速成长的时期，外国访客对美国社会生活有着自己的观察。1827 年，因丈夫的经济状况急转直下，一位英勇无畏的英国妇女弗朗西丝·特罗洛普（Frances Trollope）带着孩子来到美国。她先是在田纳西州一处乌托邦公社短暂地生活了一段时间，然后在辛辛那提当了两年的店主。1832 年，她发表了畅销书《美国人的家庭礼节》。虽然这本书有偏颇之处，但是她对美国人的假正经、夸夸其谈、粗鲁举止、狡诈手段和煽动情绪的宗教复兴运动等的观察却是非常敏锐。

为了研究美国的监狱系统，法国人阿历克西 · 德 · 托克维尔（Alexis de Tocqueville）于 1831 年来到美国。在两卷本《美国的民主》（分别发表于 1835 年与 1840 年）中，托克维尔对美国进行了更加深刻的探究。他把美国看作是没有贵族、由多数派掌权、新兴平等主义民主制度的模范。在他看来，在鼓励个人主义（这个词就是由托克维尔首创的）同时，这种新制度依靠宗教、公众舆论和志愿组织的影响来维持社会秩序。直到今天，这些仍是美国社会生活的特征。

美国内战前的这段时期，在社会创造力得到大发展的背景下，奴隶制成为美国无法逃避的现实，这有悖于美国以自由和平等为核心的国家意识形态。正如托克维尔所说，由奴隶制引发的冲突可能导致“最为惨烈的内战”。在托克维尔访美 30 年后，他的担忧不幸地成为了现实。

第四章

1850—1865：奴隶制与美国内战

1619 年 8 月，一艘荷兰商船将 20 名非洲人作为契约奴卖到弗吉尼亚的詹姆斯敦，开启了对美国历史产生重大影响的黑奴贸易。截至 1860 年，美国共有 440 万非洲裔黑人，其中近 90% 是奴隶。

有关奴隶和奴隶制的故事有很多维度。奴隶制一方面巩固了南方各州的经济基础，另一方面又引发了全国范围的政治争议。故事中既有抗争的黑奴，也有尽管面临种种生活困境却保持文化活力的黑奴，还有因为奴隶制与美国的政治和宗教信仰相冲突而反对奴隶制的美国白人。美国内战结束了奴隶制，但为实现《独立宣言》许诺的完全平等而进行的斗争却会持续很长时间。

内战前的奴隶制

在殖民地时期，奴隶制广泛地存在于北美洲和加勒比海地区的所有英国殖民地内。实际上，运往英国西印度群岛殖民地的非洲黑奴总人数高达 480 万，远远超过运抵大陆殖民地的 36 万人。为了满足欧洲对食糖日益增长的需求，甘蔗种植成为英属（和法属）加勒比海殖民地的主要经济基础。奴隶主对待黑奴极为残酷，加上疾病和营养不良肆虐，黑奴死亡率极高。

美国宣布独立后，奴隶制在北部各州逐渐被废除，只在南方各州保留下来。即使在南方，由于土壤贫化和解放奴隶运动的发展，奴隶制的末日也不远了。但是，英国和新英格兰地区的纺织厂需要棉花作为原材料，而 1793 年伊莱·惠特尼（Eli Whitney）发明的轧棉机实现了轧棉过程的机械化，这大大提高了棉花的盈利能力。尽管水稻、烟草和甘蔗种植仍然占有重要地位，但是到 1830 年，南方已经是“棉花为王”，棉花种植园遍布从南卡罗来纳州至得克萨斯州的广大南方地区。1860 年美国出口额中，棉花出口占近六成。

随着棉花种植园的推广，奴隶制范围也在扩张。尽管南方白人中只有少数是奴隶主，但是蓄奴人数超过 100 人的种植园主就有 2,300 名，整个南方的经济都依赖于黑奴的劳动。切萨皮克地区也成为棉花经济圈的一部分，因为一些烟草种植园主将“富余”的黑奴都卖给了内陆地区的棉花种植园主。在商业、制造业和自由农不断改造北部各州经济结构的同时，南方却走上了一条不同的道路——一条与奴隶制互相依存的经济发展之路。

奴隶制下美国黑人的生活

奴隶制否认受奴役者的基本人格，是对自然权利理论的无情嘲弄。因为担心教育会导致反抗，奴隶主们普遍拒绝对黑奴进行最基本的教育。黑奴中有少部分是家政用人，绝大多数主要做农活。奴隶主们把黑奴看作劳动力和可交易商品，因而鼓励黑奴生育，却完全不考虑黑奴的婚姻关系和家庭关系。奴隶主常常与女性黑奴发生性关系，因此出现了大批的混血新生儿。按照黑奴法规，这些混血儿也都是黑奴身份。奴隶主中有的残忍，有的相对温和。与南方偏北部地区相比，棉花种植区的情形更加严酷。尽管不同的奴隶主和不同的地区之间存在一定差异，但是奴隶制的基础是奴隶主拥有绝对权威，各州立法更是强化了这一点。

尽管奴隶制摧毁人性，但是黑奴家庭和群体却顽强地保留了自己的人格。在这个方面，结合了非洲信仰、伊斯兰教和基督教元素的黑奴宗教扮演了重要角色。黑奴在歌谣和民间故事中嘲讽奴隶主，并歌颂奴隶们的足智多谋。这些歌谣和故事引喻基督教有关犹太人逃离埃及前往"应许之地"的赞美诗，表达了黑奴对自由的向往。

黑奴们常常以一些微妙的方式进行抵抗，比如破坏劳动工具、拖延劳动进度。尽管会因此遭到鞭刑，但是无声的抗争并未停止。更胆大些的奴隶采用了逃跑的方式。在被统称为"地下铁路"的众多避难所的协助下，逃到北部的黑奴迅速逃往加拿大以获得自由。马里兰州的前黑奴哈丽雅特·塔布曼（Harriet Tubman）在 1849 年出逃成功后，多次返回马里兰州，协助家人和其他人获得自由。奴隶主们刊登布告悬赏捉拿逃亡奴隶，并对被捕的逃亡奴隶施以酷刑。尽管如此，通往自由的逃亡从未停止，尤其是在南部偏北各州。在 1838 年从巴尔的摩的奴隶主家出逃后，年轻的弗雷德里克 · 道格拉斯（Frederick Douglass）加入了废奴运动，他的自传也激励了很多人。

尽管并不常见，绝望的黑奴有时也会公开反叛。1822 年，登马克·维西（Denmark Vesey）领导了查尔斯顿起义；1831 年，纳特 · 特纳（Nat Turner）在弗吉尼亚领导了特纳起义。特纳是一位在俗传教士，自觉得到神谕要他组织黑奴抵抗运动。他和一帮反叛者袭击了当地种植园，杀死了 59 人。他们的行动遭到残酷镇压，惊恐的白人不分青红皂白地杀死了大量本地黑奴。特纳本人在藏匿两个月后被捕，并被判绞刑处死。此后，弗吉尼亚等州实施了更加严苛的黑奴政策。

奴隶政治

奴隶制引发了一系列复杂的法律和政治问题，当有新州加入美国时，这些问题尤为突出。1819 年时，美国的蓄奴州与自由州数量刚好相等。尽管宪法中有五分之三规定（即根据各州人口数量分配各州众议院议席时，黑奴人口按照五分之三计算），但是蓄奴州众议员数量仍远远少于自由州。1819 年，密苏里申请作为州加入联邦时，来自南方的政客坚持要准许该州实行奴隶制。1820 年，国会同意密苏里作为蓄奴州加入联邦，为了保持平衡，缅因州成为自由州并入联邦。根据国会妥协协议规定，在密苏里州南部州界即北纬 36º30″ 以北的路易斯安那购地案涉及领土范围内，禁止实行奴隶制。当时已经年迈的托马斯·杰斐逊写道，这场争论就如“夜晚的火铃”让他心惊胆战。

正如杰斐逊担忧的那样，奴隶制越来越成为主导国家政治的议题。1836 年，南部议员迫使国会通过了禁止国会接受废奴申请书的程序性法案。尽管前总统、议员约翰·昆西·亚当斯提出请愿本身是合乎宪法的，但是“言论限制法案”仍执行了 8 年。1844 年总统选举中，主张废奴的自由党（成立于 1839 年）候选人一共获得了 6.2 万张选票，足以帮助民主党候选人詹姆斯·波尔克战胜辉格党候选人亨利·克莱。1845 年得克萨斯作为蓄奴州加入联邦，这更加重了北方的不安。1847 年，众议院通过议案禁止在通过墨西哥战争获得的领土上实行奴隶制，但是议案在参议院被否决。1848 年选举中，由持反对意见的北方辉格党人和反对奴隶制扩张的民主党人组成的自由之土党总统候选人获得了 11% 的选票，再次凸显了美国在奴隶制问题上的巨大分歧。

正是在这种背景下，国会为了平息争议采取了一系列措施，这些措施被统称为 1850 年妥协案。在加利福尼亚作为自由州加入联邦时，国会批准新墨西哥领地和犹他领地的选民可以自己决定是否实行奴隶制。此外，国会一方面关闭了华盛顿特区的露天奴隶市场，另一方面却允许奴隶制在首都继续存在。南方也赢得了一场重要胜利，即国会通过了严厉的《逃奴追缉法》，授权联邦警察可以逮捕并遣返逃亡黑奴，且无需经过陪审团审判。在必要时，联邦警察甚至可以临时授予旁观者执法权，协助警察完成抓捕。对于很多北方人而言，这项法律再次表明奴隶制是不可调和的。

奴隶制大辩论：从殖民到废奴

在共和国早期，一些南方领袖曾提出解放黑奴，并将他们遣返非洲。为了实现这一目标，长老会牧师罗伯特·芬利（Robert Finley）于1816年成立了美国殖民协会。从1822年起，美国殖民协会共计遣返了约1.2万名被解放的黑奴，他们在（以美国殖民协会的支持者詹姆斯·门罗总统的名字命名的）西非沿海小镇蒙罗维亚定居下来，并以此为基础最终建立了利比里亚。然而，到了19世纪30年代，由于棉花种植园经济的扩张，以及纳特·特纳起义后民意转向，解放黑奴与殖民的呼声在南方渐弱。

对于包括新移民在内的一些北方人而言，只要将奴隶制局限在南部地区，他们最初对奴隶制似乎持包容态度。城镇工人担心奴隶被解放后移居北部地区，跟他们竞争就业机会。纺织厂主和工人则因为自己的生产和生活依赖南方的棉花，反对奴隶制对他们也没有什么好处。然而，奴隶制的扩张逐渐威胁到自由农业的发展，反对蓄奴领地扩张的呼声越来越高，虽然人们反对的并非是奴隶制本身。与此同时，觉得奴隶制有违道义的北方人也越来越多，其中以信仰个人神性的贵格会为主要代表。英国也掀起了一场废奴运动，1833年英国决定在英帝国全面废除奴隶制，使得这场运动达到高潮，并在美国引起强烈共鸣。

早期，废奴派曾经支持采取渐进式的方法解放黑奴，并给予奴隶主一定的补偿，但是到了19世纪30年代，废奴派的主张发生了转变，要求立即废除奴隶制。1831年，波士顿的威廉·劳埃德·加里森（William Lloyd Garrison）创办了《解放者报》，并声称："我将寸土不让，我要让人们听到我的声音。"1833年，加里森还协助成立了美国反奴隶制协会。作为一个彻底的激进派分子，加里森反对政治妥协，批评美国宪法是"与地狱的协议"，并坚称，如果继续允许奴隶制在美国存在，北方将不得不脱离联邦。然而，加里森也是一个反战者，他强调应该采取"道义劝告"的方式消除罪恶的奴隶制。很多致力改革的北部新教徒也接受了废奴主张。长老会牧师西奥多·韦尔德（Theodore Weld）组建了多个废奴协会，此外，他还与其妻子安杰利娜·格里姆克·韦尔德（Angelina Grimké Weld）在整理汇编南方报纸剪辑的基础上，共同出版了《美国的奴隶制度》（1839年）一书。

除弗雷德里克·道格拉斯之外，还出现了其他一些黑人领袖。逃亡奴隶威廉·韦尔斯·布朗（William Wells Brown）赞同加里森提出的"道义劝告"策略，而同为逃亡奴隶的亨利·海兰·加尼特（Henry Highland Garnet）则更加激进。在1843年布法罗城全国黑人大会的演讲中，加尼特高度评价纳特·特纳，并力劝与会者抵抗运动可以采取“能够赢得胜利的一切道义的、思想的或是对抗的方法”。在一个世纪后的20世纪60年代，黑人民权运动中再次出现了这样两种不同的策略。

在这场废奴运动中，女性也扮演了重要角色。格里姆克姐妹莎拉（Sarah）和安杰利娜出生在南卡罗来纳州的一个奴隶主家庭，但是她们信仰了贵格会教义，移居费城，并加入了废奴运动。她们的一些公开演说遭到了新英格兰牧师们的反对，因此她们在自己倡导的改革计划中增加了争取妇女权利的目标。同样，当遭到白人领袖排挤时，伊丽莎白·卡迪·斯坦顿和苏珊·B. 安东尼（Susan B. Anthony）更是将废奴与女权主义结合了起来。

随着废奴运动的不断发展，阻力越来越大。1835年，加里森差点死于支持奴隶制的波士顿激进分子的私刑。在查尔斯顿，暴民将从邮局偷来的废奴印刷品付之一炬。1837年，支持废除奴隶制的报纸编辑伊莱贾·洛夫乔伊（Elijah Lovejoy）在伊利诺伊州奥尔顿市被谋杀。在北部各州，一些知名人士领导下的激进分子数次破坏废奴聚会。1844—1845 年，南部的卫理公会和浸礼会正式脱离本教派的全国协会，成为独立的教派，预示着即将出现的南部脱离联邦的危机。

期待 1850 年妥协案能够终结争议的愿望很快就破灭了。1852 年，因为受到《逃亡奴隶法》的刺激，出生于福音派牧师家庭的哈丽雅特·比彻·斯托夫人（Harriet Beecher Stowe）发表了《汤姆叔叔的小屋》。这部反对奴隶制的小说在那个情绪化的年代唤醒了美国中产阶级的道德情感。斯托夫人写道，奴隶制破坏家庭、麻木人们的同情心、践踏基督教道德规范。很快，这本小说在北方成为热销书，影响力可以媲美汤姆·佩因 1776 年发表的《常识》。在小说中，西蒙·勒格雷（Simon Legree）鞭笞虔诚信仰基督教的黑奴山姆大叔（Uncle Tom），伊丽莎（Eliza）勇敢地穿过冰冻的俄亥俄河并获得自由，这些生动的场景深深地印在了一代美国人的心里。

作为应对，一些南方作家则创作了一批描述奴隶幸福生活的作品，比如玛丽·伊斯门（Mary Eastman）的《菲利丝阿姨的小屋》（1852 年）。在《论人种》（1854 年）一书中，亚拉巴马的医生乔赛亚·诺特（Josiah Nott）声称黑人天生低人一等，鼓吹人种多元论，污蔑黑人是另一种非人物种。虽然南方的福音派信徒否认人种多元论，但这只是因为这种理论有悖于《圣经》中的创世说，他们转而引用《圣经》中貌似赞同奴隶制的段落来为奴隶制询证。弗吉尼亚的乔治·菲茨休（George Fitzhugh）则采用了另一种方法来说明奴隶制的合理性。在《南方的社会学》（1854年）中，菲茨休将美国南方的"家庭奴隶制"与资本主义的"工资奴隶制"作了一番对比。他的结论是，仁慈的奴隶主们关心奴隶的福祉，而北方工厂主却是在无情地剥削工人。尽管菲茨休对奴隶制的描述纯粹是臆想，但是他对北方工厂的批评也算是正中要害。

政治上，由于民主党和辉格党本身的分裂，反移民的美国党曾在1854—1855年昙花一现。在《堪萨斯—内布拉斯加法案》（1854年5月）中，国会采纳了伊利诺伊州民主党参议员史蒂芬·道格拉斯（Stephen Douglas）提出的"人民主权"这剂万能药。这项方案否决了《密苏里妥协案》有关禁止在北纬36°30″以北发展奴隶制的规定，规定由堪萨斯领地和内布拉斯加领地的人们通过全民公投的方式决定是否允许奴隶制发展。1854 年 7 月，北方辉格党和自由之士党领袖在威斯康星州里彭市召开会议，成立了反对奴隶制扩张的新政党：共和党。

道格拉斯的“人民主权”方案在堪萨斯引发了暴力冲突，来自密苏里的亲奴隶制殖民者与得到废奴者资金和武装支持的北部反奴隶制殖民者成立了敌对的领地政府，并分别申请加入联邦。1856 年 5 月 21 日，从密苏里出发的亲奴隶武装分子掠夺了废奴重镇堪萨斯的劳伦斯城。三天后，废奴人士约翰·布朗（John Brown）与他的四个儿子和其他两人一道，在堪萨斯的波塔瓦托米县杀害了五名亲奴隶制殖民者。“堪萨斯内战”的游击战中，死亡总人数达到 200 余人。（在一系列复杂政治协商后，堪萨斯于 1861 年作为自由州加入联邦。）在 1856 年 5 月这个多事之夏，马萨诸塞州参议员查尔斯·萨姆纳（Charles Sumner）在华盛顿作了一次长达三小时的演讲，尖锐地批判了“奴隶寡头政治”。两天后，南卡罗来纳州议员普雷斯顿·布鲁克斯（Preston Brooks）用一只重型手杖攻击了萨姆纳，导致后者倒在参议院地面的血泊中不省人事。为了表示对布鲁克斯的支持，一些南方支持者甚至给布鲁克斯送去了一大堆新手杖。

在南方的支持下，宾夕法尼亚州民主党人詹姆斯·布坎南（James Buchanan）赢得了1856年总统选举。尽管如此，共和党候选人、知名探险家约翰·C. 弗雷蒙（John C. Frémont）仍在北部11州获胜。这一方面彰显了新政党的影响力，也表明新政党的地域局限。在就职演说中，布坎南不仅抨击废奴主义，更是表示反对任何在新领地内禁止奴隶制的联邦政策，这让反对奴隶制的北方民众大跌眼镜。

最高法院有关1857年“德雷德·斯科特（Dred Scott）”案的决议也产生了同样的效果。斯科特是一名黑奴，他提出上诉要求获得自由，原因是原来的主人（一名军医）曾把他带到了自由州伊利诺伊和威斯康星。在来自马里兰州的首席大法官罗杰·托尼（Roger Taney）领导下，最高法院以7票对2票拒绝了斯科特的申诉，理由是黑奴不是公民，因而没有上诉权；此外，最高法院还宣布《密苏里妥协案》违宪，因为禁止奴隶制在北部领地发展侵犯了奴隶主的财产权，且这一规定并未走正当的法律程序。纵览这些事件，纽约州参议员威廉·西沃德（William Seward）曾沮丧地预言称将爆发一场“不可遏制的冲突”。

1858年，伊利诺伊州共和党人提名律师亚伯拉罕·林肯（Abraham Lincoln）作为候选人，向在任参议员史蒂芬·道格拉斯发起挑战。在一系列辩论中，林肯有针对性地批判了道格拉斯的“人民主权”观念。林肯曾质问道格拉斯：按照“德雷德·斯科特”案的决议，一个领地的居民怎么能够禁止奴隶制本身？道格拉斯则谨慎地回答道，当然可以，只要他们拒绝执行保留奴隶制必须的实施条例。道格拉斯的回答激怒了支持奴隶制的人。尽管道格拉斯保住了参议院议席，林肯却也在国内成为名人。

1859年10月，在知名废奴活动家的秘密支持下，约翰·布朗带领包括5名黑人在内的18人，袭击了弗吉尼亚州哈泊斯费里的联邦军火库。他打算武装当地奴隶，引发一场更加广泛的动乱。联邦军队在罗伯特·E. 李（Robert E. Lee）率领下轻松抓捕了军火库袭击者，布朗和其中的6人被判处绞刑。不久之后，北方军队将高唱着“约翰·布朗的尸体躺在坟墓里腐烂，他的英魂正在前进着”加入南北战争。

1860年2月在纽约发表的一次演讲中，林肯一方面批判了废奴者中的极端主义，另一方面也坚称必须终止奴隶制的扩张。对此，参议院作出了轻蔑反击，在同年 5 月通过了南卡罗来纳州参议员杰斐逊 · 戴维斯（Jefferson Davis）的提案，认定政府无权取缔奴隶制，并宣称政府的职责是在各新领地内维护奴隶制。

是年 5 月，在芝加哥举行的共和党全国大会提名林肯为总统候选人。由于辉格党已经分裂，而南方和北方的民主党人分别提名了不同的候选人，林肯在大选中赢得了 40% 的相对多数票并当选总统，但他在选举人团投票中未能赢得南方的任何选票，预示着悲剧将不可避免。

南方很快作出了回应。同年 12 月在一片欢呼声和焰火中，在南卡罗来纳州查尔斯顿召开的大会宣称："以美利坚合众国之名而建立的南卡罗来纳州与其他各州之间的联盟正式解散。"截至 1861 年 2 月，共有 11 个南部州脱离联邦，成立了美利坚联盟国，由杰斐逊 · 戴维斯出任总统。来自南卡罗来纳州的玛丽·博伊金·切斯特纳特（Mary Boykin Chestnut）在日记中写道："我们，南方和北方，已经分离，因为我们彼此仇恨。"

一些南方利益的护道者后来声称，对宪法中有关州权规定的理解不同是导致内战的原因。事实上，南卡罗来纳州的退出联邦宣言中已经指明了内战爆发的导火索，即：新当选总统“在观点和用意上敌视奴隶制”。可见，从一开始，问题的关键就在于南方决心要捍卫奴隶制。

南方军队占领联邦要塞时，布坎南总统仍旧消极地无动于衷。虽然他下令派遣一艘补给舰前往查尔斯顿港的萨姆特堡，但是补给舰却在遭遇来自海岸的炮火进攻时撤退了。1861 年 3 月 4 日，林肯在就职演说中试图调停，并承诺蓄奴州可以继续实行奴隶制，但是他也发誓要抵制分裂联邦的行为。4 月 12 日，萨姆特堡指挥官拒绝投降，海岸炮台向萨姆特堡开火。林肯随即宣布国家进入紧急状态，并征召建立了一支 7.5 万人的志愿军部队。西沃德口中的“不可遏制的冲突”爆发。

美国内战

北方在技术、交通、资金和人口（北方人口 2,200 万，南方人口仅有 900 万，还包括 350 万黑奴）上都占有优势。因为考虑到南方棉花对英国纺织业的重要性，联盟国一方曾寄希望于英国的支持。然而，英国国内意见存在分歧，而且美国政府也警告英国政府不要插手。尽管当时美英关系一度紧张，但是英国并没有承认联盟国政府。

1861 年 7 月，北方军队在华盛顿附近的布尔溪（第一次马纳萨斯会战中）被击败，北方希望在东部速胜的希望破灭，东部战线陷入僵持。1862 年 2 月，乔治 · 麦克莱伦（George McClellan）将军率领北方军队借道切萨皮克湾向弗吉尼亚发起攻击，兵临南方首都里士满城下，在经过一番苦战后撤军。1862 年秋季，南方将领罗伯特 · E. 李和有"石墙"之称的托马斯 · 杰克逊（Thomas Jackson）率领部队经马里兰州向华盛顿方向发起进攻。麦克莱伦于 9 月 17 日在安提塔姆河阻击两人率领的军队，双方爆发血战，麦克莱伦战败。受挫的林肯更换了几任将领，都未能突破僵局。

在其他战区，美国海军取得了较好的战绩，于 1862 年 4 月成功占领了新奥尔良，阻断了南方的海上通道。在西部战场，1862 年初联邦军的尤利塞斯·S. 格兰特（Ulysses S. Grant）将军就占领了田纳西州北部的几个关键要塞，并于是年 4 月在唐 · 卡洛斯 · 比尔（Don Carlos Buell）将军的协助下，在密西西比州科林斯附近的夏伊洛击败南方军队，交战双方都伤亡严重。1863 年 1 月，南方军队在默夫里斯伯勒被击溃后，联邦军队获得了田纳西中部的控制权。在经历了长期的围困战后，格兰特于 1863 年 7 月 4 日占领密西西比河沿岸的南方重镇维克斯堡，并在 11 月又攻陷了铁路和交通枢纽查塔努加市，至此西部战事基本结束。

在弗吉尼亚获得弗雷德里克斯堡（1862 年 12 月）和钱斯勒斯维尔（1863 年 5 月）两场战役的胜利后，李将军继续率领南方军队北进。在宾夕法尼亚州的葛底斯堡战役中（1863 年 7 月 1—4 日），联邦军队成功阻击了李将军的北进，这场战役也成为美国内战的转折点。是年 11 月，在为葛底斯堡国家公墓揭幕式上，林肯发表演讲纪念那些为了确保“民有、民治、民享之政府当免于凋零”而献身的人们。尽管林肯的《葛底斯堡演说》只有 272 个单词，却是美国历史上最伟大的总统演说之一。

1864 年 3 月，时任联邦军队总司令格兰特将军率部攻入弗吉尼亚。尽管斯波齐尔韦尼亚战役、冷港战役和彼得斯堡战役中双方损失惨重，但是格兰特的军队仍一路向里士满挺近。威廉 · T. 谢尔曼（William T. Sherman）将军在9月攻占亚特兰大（此次战役的胜利帮助林肯赢得连任），并往东一路杀向萨瓦纳。1865年4月9日，李将军在弗吉尼亚州的阿波马托克斯郡府向联邦军投降。在双方付出了61.7万人（当时美国总人口为3,140万）生命的代价后，美国在内战中幸存下来。

林肯却没有时间来充分享受胜利的喜悦。1865年4月15日，在华盛顿的福特剧场，同情南方的演员约翰·威尔克斯·布思（John Wilkes Booth）开枪刺杀林肯，林肯在第二天不治身亡。

图4　1863年7月5日，葛底斯堡战场上的南方士兵尸体。内战中，一些摄像师深入战场，带回的影像向平民们展现了战争杀戮的恐怖画面。

内战、奴隶制和非裔美国人

林肯最初决定向南方开战是为了拯救合众国免于分裂，并不是为了废除奴隶制。尽管林肯本人反对奴隶制，但是当时不仅是政府内阁存在分歧，北方领导的联邦各州之间也有分歧，因为马里兰、肯塔基和密苏里等 3 个蓄奴州并未脱离联邦。尽管如此，解放黑奴仍渐渐地成为战争的目的之一，一方面是由于废奴者不断施压，另一方面，大批逃亡黑奴（最终多达 50 万人）加入了联邦军队作战。

1862 年 9 月，在安蒂特姆河战役后，林肯颁布了《解放黑人奴隶宣言》，解放联邦军控制范围内的所有奴隶。这就意味着一旦联邦军获得胜利，几乎所有黑奴都能获得自由。联邦政府一改之前的政策，转而欢迎黑人参军作战。到战争结束时，共有 18.6 万名黑人参军，但是他们只能加入白人指挥下的黑人部队。虽然黑人主要是非战斗人员，但是也参加了部分战役，其中比较有名的是 1863 年 7 月在南卡罗来纳州的瓦格纳堡战役。那些没有逃亡的黑奴也用各种办法在后方搞破坏，削弱了南方的经济。

家庭之战

内战双方的志愿者们也为战争作出了贡献，尤其是女性，她们在丈夫和儿子离家参军时承担起了料理种植园和农场的责任。北方妇女们召集“卫生集市”为美国卫生委员会筹集资金，以帮助这个志愿组织为军队提供所需的医疗和卫生供给。另外一些女性志愿者为军队送去食物，作为军队补给的补充。南北双方的志愿女护士总数超过3,000人，其中包括前专利局文员、后来的美国红十字会奠基人克拉拉·巴顿（Clara Barton）。诗人沃特·惠特曼（Walt Whitman）也曾在华盛顿特区的一家医院担任义工，并用《桴鼓集》（1865年）和其他作品记录了他当时的印象。

战争在北方也激起了反抗。1863年国会决定强制征兵，贫困的爱尔兰移民发起暴动（因为富人可以花钱雇人代替自己服兵役）。在纽约市，暴动民众攻击征兵所和共和党名人的住宅，并用私刑处死了几个非裔美国人，直到联邦军队出动武力来恢复秩序。为了压制反抗，林肯于1863年中止了人身保护的相关法令，批准逮捕了（多数只是短时间扣留）近1.5万名南方支持者和战争批评者。这项政策被后世政府当作战时政府镇压不同意见者的先例。

重建的诺言落空

虽然“第十三号宪法修正案”（1865 年）宣告终止奴隶制，但是南方各州议会通过的“黑人法令”继续限制自由黑人的权力，并且广泛实行与奴隶制无甚差别的劳动法。为此，在共和党人的促成下，国会决定保留内战时为保护被解放黑奴而成立的被解放黑奴事务管理局；通过一项反对“黑人法令”的《民权法案》；并通过了“第十四号宪法修正案”（1868 年），保证所有在美国出生或归化美国的人（印第安人除外）拥有公民权和平等权。然而，林肯的继任者、来自田纳西州的安德鲁 · 约翰逊（Andrew Johnson）却藐视国会决议，公然反对这些措施。（因为总统任命权争议，约翰逊在 1868 年遭到弹劾，后在参议院投票中仅以微弱优势免遭去职。）

随后，国会改变了约翰逊对南方网开一面的政策方向，于 1867 年开始对南方实施军事管理。如果想要重新加入联邦，前联盟国各州必须认可“第十四号宪法修正案”，保证被解放黑奴的权利。在这段被称为“激进重建”的时期，南方黑人开始出任州议会议员，并出现了几位国会议员，包括两位来自密西西比州的黑人参议员。尽管（被批评家夸大的）腐败现象时有发生，重建时期的议会仍然筹措资金保证了公共教育、医院和收容所的运营，并采取措施保护了被解放黑奴的权利。

1868 年，打着支持“激进重建”的旗号，共和党人尤利塞斯·格兰特在南方黑人选民的大力支持下赢得总统选举。“第十五号宪法修正案”（1870 年）禁止“因种族、肤色，或过去的劳役状况”而剥夺任何公民的选举权。（但是这条宪法修正案却让女权主义者们失望了，她们原希望宪法修正案会给予女性选举权。）

“激进重建”也引起了强烈的社会反响。1865 年，南方退伍士兵成立了秘密组织“三 K 党”，在南部各州对黑人选民和共和党政客进行恐吓。在路易斯安那州，三 K 党成员和其他恐怖分子在一场恐吓行动中共杀死了数百人。

《1875 年民权法》规定所有人有同等使用公共场所和

运输工具的权利。然而，北方对重建的支持在逐渐减弱，尤其是1873年经济危机之后。1876年总统大选中，民主党候选人、纽约州长塞缪尔·蒂尔登（Samuel Tilden）虽然在选民票方面领先，但是在计算选举人团票时出现了争议。在众议院随后的协商中，南方议员同意支持共和党候选人拉瑟福德·B.海斯（Rutherford B. Hayes）出任总统，作为交换，国会必须在其他问题上作出让步，包括结束南方的军事管理。随着联邦军队撤离，白人至上主义者又重新在南方掌权。

到1877年，奴隶制已经被全面废除，被解放的黑奴（至少在名义上）享有所有公民权。然而，到19世纪90年代，白人种族主义再次抬头，使得之前的一些成绩化为乌有。在南方各州，政府不仅实施种族隔离制度，更是采用各种不正当的手段阻碍黑人选民参与投票。种族歧视在北方也颇为盛行。尽管在种族问题上已经有了很大的改善，但是随着美国白人的注意力转向其他领域，很多问题被遗留下来。

第五章

1866—1900：工业化及其后果

1869 年 5 月 10 日，在犹他州的海角点，工人们打下道钉将两条铁轨连接起来，一条蜿蜒至东海岸，另一条则延伸至加利福尼亚州，标志着美国第一条横贯北美大陆的铁路通车。这也标志着美国进入了一个新的经济发展时期，从杰斐逊的自耕农社会进入工业大国时代。

随着银行家、企业家、工厂工人和文员让城市变得日益拥挤，以及成百万的移民涌入美国，工业化也带来了深刻的社会变革。新兴资本家精英炫耀着自己的财富和政治影响力，美国的阶级差异日益扩大，林肯预想的“民有、民治、民享之政府”似乎变得很不现实。美国内战时期许下的诺言一再落空，种族主义又迎来了一个高潮。一些作家和社会思想家认为美国的自由资本主义能够带来发展，另一些人则对新秩序深表担忧。

新的工业文明

美国内战后的工业化带来多样需求：原材料、不断扩大的劳动力大军、政府支持，以及在钢铁、铁路、蒸汽机、电力和石油等基础工业领域的技术创新。新型企业结构和金融机构也至关重要。实力强大的工业领袖们用自己的财富、政治影响力和文化共鸣奠定了一代美国人的生活基调。

在 19 世纪中叶，美国炼铁业主要由不计其数的小铁矿和冶炼作坊组成。到了 19 世纪 70 年代，苏格兰移民安德鲁·卡内基（Andrew Carnegie）在宾夕法尼亚铁路公司发迹，他并购矿山、工厂、航运设施，并将它们整合成巨型企业：卡内基钢铁公司。卡内基通过水路和铁路把明尼苏达州梅萨比岭的铁矿石运送至匹兹堡附近他自己的钢铁厂进行冶炼，创造了一条从铁矿到成品钢的垂直一体化生产链。通过采用以氧化方式去除铁水中杂质的贝塞麦酸性转炉炼钢法，卡内基批量生产出大批高质量钢材，广泛运用于铁路、蒸汽涡轮机、车间和农业设备的生产中。截至 1890 年，美国的钢产量超越英国，这也是美国工业崛起的里程碑时刻。

到 1860 年，美国的铁路网总里程已经达到 3 万英里，而内战结束后，铁路发展更是进一步提速。在激烈竞争、政治欺诈和疯狂建设的背景下，铁路公司如雨后春笋般遍地开花，其中的一些又在万人瞩目中消亡。到 1900 年，美国铁路总里程达到 20 万英里，铁路工业总值高达近 100 亿美元——按现在的购买力计算竟超过 2,600 亿美元。

铁路大发展更是推动了美国战后的经济腾飞。经由铁路线，煤和铁矿石被运送至卡内基的钢铁厂，农业机械运到美国农村地区，牲畜到达芝加哥的屠宰场，粮食作物运到明尼阿波利斯市的磨粉厂，各种机器和消费品输送到全国各地，同时移民得以分布至广大的内陆地区。这个时代最知名和最受人敬畏的人之中就囊括了一批铁路大亨，如加利福尼亚的科利斯 · P. 亨廷顿（Collis P. Huntington）和利兰 · 斯坦福（Leland Stanford）、纽约的科尼利厄斯 · 范德比尔特（Cornelius Vanderbilt）和杰伊 · 古尔德（Jay Gould），以及明尼苏达的詹姆斯 · J. 希尔（James J. Hill）。

图 5　位于宾夕法尼亚州匹兹堡市附近霍姆斯特德的安德鲁 · 卡内基巨穴般的钢铁厂内景。这样的工厂是美国内战后工业发展的标志，从很多方面改变了美国。

在这个时代，燃煤蒸汽机为工厂、火车头、机械厂和谷物加工厂提供了源源不断的动力。19 世纪晚期，蒸汽技术迅速发展，推动着远洋轮船和工业汽轮机的发展。在 1876 年费城百年纪念博览会上，由位于普罗维登斯的科利斯蒸汽机公司出品的 1,400 马力蒸汽发电机通过一系列齿轮和连杆为整个博览会的所有机械提供了动力，这台巨型机器高达 45 英尺，单是调速轮的直径就达到 30 英尺。小说家威廉 · 迪恩 · 豪威尔斯（William Dean Howells）就赞叹地写道：“语言已经无法形容科利斯蒸汽机；只有那些能够理解它宏伟而沉默气势的人才能够真正了解它；它是一个钢铁强者，就那样高傲地矗立在巨大建筑物的中央。”

到 1900 年，人们开始利用水力或者通过燃煤发电。电力作为新能源，让机械摆脱了固定蒸汽管和传动杆的束缚。得益于托马斯·爱迪生（Thomas Edison）等发明家的创造，这个时代不仅出现了电力机器，还有了有轨电车和路灯。与钢铁业同样，在电力行业中也出现了大鱼吃小鱼的情况。很快，通用电气公司和西屋电气公司就控制了整个行业。

所有这些机器都需要润滑，而新兴的石油化工业提供了所需的润滑油。1859 年，宾夕法尼亚州西部开采出了美国的第一口油井。随后越来越多油井被开采出来，美国也很快成为了世界头号石油生产国。企业合并再次取代了无序竞争。约翰·D. 洛克菲勒（John D. Rockefeller）成立于 1867 年的标准石油公司，无情地扼杀了众多比自己小的公司，并通过“横向整合”的方法很快控制了整个石油冶炼行业。

不断扩张的金融系统为工业化大发展提供了资金支持。美国和外国的投资银行不仅买卖大企业的股票和债券，还引导了企业发展。J.P. 摩根（J. P. Morgan）旗下的纽约市银行不仅在伦敦和巴黎开有分行，控制了几条铁路，而且还操作了这个时代几宗最大的企业并购案。1901 年，摩根买断安德鲁·卡内基的资产，组建了美国钢铁公司。一年后，摩根创立了美国国际收割机公司，一家农业机械集团公司。摩根甚至几次出手帮助美国财政部应对金融危机。

工业化的社会成本

随着热切的产业工人涌入工业中心，工业化对美国生活的方方面面都产生了影响。1850 年时，美国仍是一个农业社会，只有少量城镇；但是到了 1900 年，美国已然成为城市工业国家，内陆地区为发达的农业区。1900 年纽约市人口达到 340 万，几乎与 1850 年全美城镇人口总数相当。

城市新居民中有很多来自农村和小城镇，而更多的则是来自欧洲的移民。贫困故土的苦难和在美国改善生活的希望成为欧洲移民涌入美国的动力。1900 年，美国 20% 的人口出生在美国以外的地区，这个比例在大工业城市则更高。早期移民主要来自英国、爱尔兰、德国和斯堪的纳维亚，而新移民则主要来自南欧和东欧地区，比如意大利、希腊、波兰、俄国和巴尔干半岛，新移民中信仰天主教、犹太教和东正教的比例较高。人口构成上的变化也为族裔关系紧张、文化多元化和政治版图重整埋下了伏笔。

尽管很多移民在西部农场定居下来，但是更多人选择了到克利夫兰、匹兹堡、圣路易斯、芝加哥、密尔沃基、明尼阿波利斯等工业中心城市，在工厂、磨坊和火车站务工。随着人口的迅速增长，城市不堪重负，住房、教育、交通和市政服务都显得捉襟见肘。此外，由于贫困移民不断涌入健康条件糟糕的居住区，肺结核、伤寒和其他疾病造成了巨大的人口损失，尤其是在纽约下东区那些拥挤不堪、污水遍地的贫民窟。1870 年，纽约市新生儿死亡率高达 20%。教堂、犹太教会堂和城市布道会从宗教上给人们提供了慰藉，而杂耍剧场、舞厅、酒吧和游乐园等各种充满活力的流行文化场所则让移民至少可以暂时忘却新生活的压力和苦难。

城镇贫困人口不仅博得中产阶级的同情，也让他们感到恐惧。摄影记者雅各布 · 里斯（Jacob Riis）在 1890 年出版的《另一半人如何生活》中生动地描述了贫民窟的生活景象。芝加哥的简 · 亚当斯（Jane Addams）等改革家开办社会服务所，提供社会服务，并且在新移民和中产阶级志愿者之间建立了同情的纽带。城市政治机器为移民提供了市政服务和工作机会，但也常常伴随着腐败现象。威廉 · M. 特威德（William M. Tweed，人称“老板”）控制的纽约市政府就因监守自盗而臭名昭著。因此，在《纽约时报》的披露文章和《哈珀周报》的讽刺漫画的推动下，纽约市“最明智、最优秀的市民”愤然掀起了一场改革，并于 1873 年将特威德送进了监狱。

工厂、磨坊和铁路虽然创造就业机会，但也带来了高昂的社会成本。这些工作强度大、时间长、工资低、工作环境危险，而且没有假期。时常出现的意外事故摧毁了不少工人家庭。1890 年，共有 2,451 名铁路工人死于工伤，另有超过 2.2 万人受伤。一些大公司采取了家长式的方法应对这些问题。乔治 · 普尔曼（George Pullman）是芝加

图 6 1871 年漫画家托马斯·纳斯特（Thomas Nast）所作纽约政治大佬威廉·M. 特威德漫画像。在 19 世纪末期，过快增长让很多美国城市准备不足，城市被腐败政客把持，从而引发了市政改革运动浪潮。

哥附近一家铁路卧铺车厢厂的老板，他不仅为工人提供住宿和文化生活设施，还采取禁酒等措施规范员工行为。但是，大多数资本家丝毫不关心员工死活，因为很容易找到人取代这些员工。在经济形势出现起伏时，一旦经济低迷，裁员和削减工资就成为家常便饭。1893—1897 年的严重经济衰退就造成了严重后果。在芝加哥，绝望的人们不得不到垃圾场中寻找食物。

这种情况引发了劳动力市场动荡、暴力事件和工会的建立。1877 年，为了抗议降薪，铁路工人在全国各地举行了罢工。同时，由费城制衣工人于 1869 年成立的劳工骑士团提出要建立一个跨种族、跨性别、跨行业的劳工组织。这个组织迅速发展起来，并在 1884—1885 年间赢得了针对杰伊·古尔德旗下沃巴什铁路公司的罢工胜利。因为担心就业竞争，劳工骑士团主张限制移民，尤其是涌入西海岸的中国移民。在劳工骑士团的推波助澜下，国会通过了《排华法案》(1882 年)，这项法案直到 1943 年才被撤销。

由雪茄制作工、印刷工和机械工等成立的技术工人工会并不赞成劳工骑士团提出的无所不包的方案。1886 年，几家技术工人工会共同成立了美国劳工联合会。在塞缪尔·冈珀斯（Samuel Gompers）的领导下，美国劳工联合会表示接受资本主义体制，集中精力争取提高工资和限制移民。1886 年 5 月 1 日，在多家劳工组织和激进组织的协调下，美国主要城市的工人走上街头，要求实行 8 小时工作日。5 月 3 日，在芝加哥国际收割机公司，两名罢工工人被警察开枪打死。次日晚，警察突然出动驱散了芝加哥秣市广场上无政府主义者组织的抗议集会，有人引爆了炸弹，导致一名警察死亡。在随后的骚乱中，又有 4 名示威者和 7 名警察丧生，大多死于警察的乱枪。“秣市骚乱”震惊了富裕的美国中产阶级。宗教报纸《公理会教友报》写道：“像芝加哥出现的骚乱那样，当无政府主义将受蒙骗的信徒们变成暴民时，加特林机枪……基本上就变成了最仁慈、最有效的解决方案。”8 名芝加哥无政府主义者被捕并上了法庭。尽管检察官并未证明他们与爆炸事件存在关联，被捕者中仍有 4 人被处以绞刑，1 人自杀。1893 年，同情劳工的伊利诺伊州长约翰·P. 奥尔特盖尔德（John P. Altgeld）给另外 3 人减刑，导致他本人在竞选连任时失利。

1892 年，匹兹堡市附近的卡内基钢铁厂禁止试图组建工会的工人进入工厂，并从平克顿侦探社请来了 300 人，保护工厂雇佣来取代这些工人的工贼（被罢工工人称为“恶棍”）。双方发生了交火，导致 3 名平克顿侦探和 7 名工人丧生。宾夕法尼亚州长出动了国民警卫队来镇压罢工。两年后，普尔曼公司工人为抗议降薪举行罢工，随后美国铁路工会宣布进行全国性罢工，以支持普尔曼工人的行动。美国司法部长宣布国家处于“无政府状态的危险边缘”，并颁布法院禁令来阻止罢工，还囚禁了工会领袖尤金·V.德布斯（Eugene V. Debs）。（德布斯在入狱期间信仰了社会主义，并作为社会党候选人参加了后来的总统选举。）

尽管遭到了公司和政府精英的强烈反对，建立工会的努力并未停止。但是随着劳工骑士团逐渐淡出视线和美国劳工联合会局限在技术行业，大多数工厂工人仍处于无组织的状态，只能听由雇主摆布。

企业时代的政治

工人、消费者与城市贫苦人群的福祉并未引起当权者的注意，因为各级政客都在为企业利益集团服务。虽然权钱交易时常出现，但是商业和政治精英们的意识形态和阶级利益几乎是完全一致的，贿赂都显得多此一举。政府出钱补贴铁路建设、出台保护性高关税、镇压罢工工人。不过，有一项监管改革值得注意，那就是“反托拉斯”运动。“反托拉斯”体现了政府担心以标准石油托拉斯（1879

年）为代表的企业整合会扼杀竞争。《谢尔曼反托拉斯法》（1890 年）规定禁止“阴谋限制贸易的行为”，但是该法律却执行不力。事实上，该法案的第一起重大诉讼发生在 1894 年，被起诉的竟然是一个劳工组织，即尤金 · V. 德布斯领导的美国铁路工会。

当然，其他问题也不时出现。国会就曾向联邦军老兵这个颇具政治影响力的游说集团慷慨拨款。此外，在一个谋官不成、精神错乱的律师刺杀了詹姆斯 · A. 加菲尔德（James A. Garfield）总统后，国会在 1883 年通过了公务员法，规定部分政府公职必须通过考试的方式招聘，而不是由官员直接任命。

这个时代一次重要的反企业政治运动的主力却并非产业工人和城市贫民，而是大平原地区和南部地区的小麦和棉花种植者。由于商品价格下降、信贷紧缩、铁路运输歧视性定价和农业设备价格上涨，这些种植者已经负债累累。到 19 世纪 80 年代，南方和西部的农民联盟运动成立合作社，以提高产品营销能力，增加农民与铁路、设备商和磨坊主进行讨价还价时的筹码。一些更加激进的联盟领导人则要求政府调控降低铁路运费，迫使东部银行家放宽信贷条件。

在1892年总统选举中，新成立的平民党候选人赢得了100多万张选票，并在4个西部州获胜。1896年，由于债务、干旱和经济衰退的影响，平民党与民主党合并，对农民联盟的改革方案进行了整合，并且在西部银矿主的支持下，大量发行银币以增加西部的现金流通量。两党合并后，推选来自内布拉斯加的威廉·詹宁斯·布莱恩（William Jennings Bryan）为总统候选人，在大选中赢得了640万张选票，但是几乎没有吸引产业工人选票，原因是产业工人觉得自己与抗议示威的农民并没有什么共同利益。共和党候选人威廉·麦金利（William Mckinley）则在企业和金融精英强大的财力支持下轻松赢得总统宝座。

尽管这些农业改革家为政治进程注入了活力，并且指出了缺乏监管的企业权力过大是亟待解决的问题，但是他们只是代表了一个经济利益集团，未能吸收城市工人和消费者加入。直到20世纪30年代，富兰克林·D. 罗斯福（Franklin D. Roosevelt）才真正建立了包括农民和产业工人在内的改革联盟。

19 世纪末的非裔美国人与妇女

非裔美国人主要居住在南方各州，从事雇农或佃农工作，受到赤裸裸的种族歧视和选举歧视。在南方处于主导地位的民主党坚定地维护白人至上。布克 · T. 华盛顿（Booker T. Washington）在亚拉巴马州兴办的塔斯基吉学院和其他少数学校为黑人青年提供职业教育，但这些学校也严格遵循种族等级制度。在北方，黑人仍习惯性地聚居于城市的“有色人种区”，从事着低收入的卑贱工作，或者从事诸如理发师、铁路搬运工等特定工作。

联邦政府默许了这种种族等级制度。实际上，在 1896 年“普莱西诉弗格森案”中，最高法院以 7 票赞同 1 票反对的结果支持了路易斯安那州 1890 年通过的一项法令，该法令规定铁路公司必须“为白人和有色人种提供平等但隔离的服务”。原告方提出，这项法令违反了第十四号宪法修正案有关保证所有人获得“平等法律保护”的规定，但是最高法院驳回了原告的诉求。“普莱西案”之后，种族隔离制度得到更加严格的执行。来自肯塔基州的前奴隶主约翰 · 马歇尔 · 哈伦（John Marshall Harlan）提出的异议成为这次不体面法院裁决中唯一的闪光点。哈伦写道："我们的宪法是不分种族的……在公民权利方面，在法律面前一切公民平等。最卑微的人和最有权力的人在这一点上也是平等的。火车乘客'平等'享有乘坐权这一层薄薄的伪装不可能给人们造成平等的印象，也不能弥补今天裁决的错误。"

即使在这样的低潮期，仍有一些黑人领袖毫无畏惧地向种族主义提出了抗议。记者艾达·B. 韦尔斯（Ida B. Wells）曾谴责孟菲斯市私刑泛滥，随后一帮暴民捣毁了她的报社办公室，迫使她在 1892 年离开了孟菲斯。她在 1895 年发表了《红色记录》，记录了白人种族主义者如何用恐怖主义手段恐吓黑人社区。

因为地域、种族、族裔和阶级不同，妇女的境况也千差万别。非裔美国妇女面临着种族和性别的双重歧视。在照顾子女和料理家务之余，农民家庭的妇女们则需要忍受孤独，尤其是在大平原地区。农民联盟运动和民粹运动创造了社会交际的机会，也成了一些人发表意见的平台。充满激情的堪萨斯州民粹主义演说家玛丽·利斯（Mary Lease）就力劝农民们"少种玉米、多发出怒吼"。

在城市中，上层社会的妇女享受着安逸的特权生活。相反，移民妇女的日子却极其艰苦。为了贴补家用，一些移民妇女不得不做女佣或者在血汗工厂当制衣工。中产阶级妇女的人数不断增加，一些人接受了高等教育，成为了教师、图书管理员、护士、文员或者纽约市梅西百货等百货公司售货员。妇女俱乐部运动的兴起为妇女提供了社会支持和丰富的文化活动，而社会服务所和慈善组织运动（“友好的访客”向贫困移民宣传禁酒和节俭）让妇女有机会参加志愿者工作。尽管主流文化仍将家庭视为妇女的主要活动场所，城市生活仍然开启了新的未来，伊丽莎白·卡迪·斯坦顿和苏珊·B. 安东尼等资深女权主义活动家继续着争取选举权和平等权的斗争，也为后世女权主义运动的进展打下了基础。

作家和思想家对新秩序的反思

洛克菲勒、亨廷顿和摩根等巨头在这个时代留下了自己的印记，对于他们，有人仇恨，有人敌视，也有人由衷敬仰。这些巨头中，有人资助新建图书馆、交响乐团和其他各种文化设施；也有人出资收藏了大批艺术品，并最终交给了博物馆展出。安德鲁·卡内基的发迹之路成为美国白手起家神话的原型，这一题材为众多畅销作家所青睐，如霍雷肖·阿尔杰（Horatio Alger）的《衣衫褴褛的迪克》（1867年）就宣传要依靠诚实、节俭获得成功，当然难得的运气也很重要。

一些社会思想家欢迎这种以残酷竞争为特征的新秩序。早在1850年，英国社会学家赫伯特·斯宾塞（Herbert Spencer）就提出：竞争确保了“适者生存”。在《物种起源》（1859年）一书中，查尔斯·达尔文（Charles Darwin）提出进化是通过自然界中的自然选择实现的——自然选择的偶然性提高了某些个体得以生存和繁衍的机会。耶鲁大学社会学家威廉·格雷厄姆·萨姆纳（William Graham Sumner）发现人类社会中也存在同样的情况，即只要没有政府和改革家的干预，激烈竞争就能促进社会进步。援助社会中的失败者只能造成不适者生存的结果。萨姆纳有这样一段话给人留下深刻印象，他说：“贫民窟的酒鬼就该呆在贫民窟，大自然也是用这种方法和过程淘汰不适者的。”

一些人对这种冷酷无情的社会达尔文主义提出了反对。在《动态社会学》（1883 年）中，莱斯特·沃德（Lester Ward）认为相对进化单位不是个体而是社会本身。沃德坚信，社会进步的实现，不是通过最大化竞争和任由失败者自生自灭，而是需要实现无论贫富的所有人的康乐。

在他们 1873 年合著出版的小说《镀金时代》中，马克·吐温（Mark Twain）和查尔斯·达德利·沃纳（Charles Dudley Warner）从文化角度对新秩序进行了阐释，认为内战后的美国社会是俗丽粗野的。经济学家索尔斯坦·凡勃伦（Thorstein Veblen）在出版于 1899 年的《有闲阶级论》一书中对"炫耀式消费"作了分析，认为富人通过这种消费方式彰显自己的财富、宣扬自诩的高人一等的地位。威廉·迪恩·豪威尔斯（William Dean Howells）的《塞拉斯·拉帕姆的发迹》（1885 年）描述了一个在激烈竞争中濒临破产的油漆巨头如何挤入波士顿上流社会。弗兰克·诺里斯（Frank Norris）在其作品《章鱼》（1901 年）中，用半写实的方法记录了加利福尼亚州铁路资本家如何逼迫反对他们的农民就范。

另外一些作家则探讨了在城市工业时代各阶层女性

的境遇。在《街头女郎玛吉》(1896 年)中，史蒂芬·克莱恩(Stephen Crane)描述了纯洁的贫民窟女孩如何在诱惑之下堕落为妓女。在新奥尔良作家凯特·肖邦(Kate Chopin)的作品《觉醒》(1899 年)中，一个对生活感到失望的有闲阶级妇女因为嘲讽本阶级人们的性行为而遭到排斥，最终走上自杀的绝路。夏洛特·珀金斯·吉尔曼(Charlotte Perkins Gilman)根据自己的经历创作了短篇小说《黄色墙纸》(1892 年)，描述了一个养尊处优的年轻妻子的空虚生活和精神的崩溃。在《女人与经济》(1898 年)中，吉尔曼探究了女性从属地位的历史成因，以及这种陋习如何在现代仍得以维系。这些作品共同描绘了马克·吐温及其合著者笔下的“镀金时代”的阴暗面，发人深省。

帝国梦和美西战争

随着工业化的推进，政客、记者、商业领袖和军事家提出应该扩展美国的全球地位。在欧洲列强不断在非洲和亚洲扩展殖民地的同时，美国企业和农业利益集团也将目光放到了海外。对市场的追求刺激了扩张主义的神经。

1890年，国务卿詹姆斯·G.布莱恩（James G. Blaine）就曾提出："美国……制造业已经发展到一定水平……超出了国内市场的需求……我们现在的需求是扩张。"

1893年，在美国海军、海员和战舰的支持下，夏威夷的美国甘蔗种植园主们（其中一部分是19世纪20年代来到夏威夷传教的传教士的后代）发动了一场政变，推翻了利留卡拉尼女王(Queen Lili'uokalani)的王朝。1898年，夏威夷被美国吞并。同一时期，为了扩大发行量而激烈竞争的各种纽约小报指责西班牙残酷镇压反抗西班牙统治的古巴叛军，这危及到美国投资者在古巴的甘蔗种植园利益。1898年2月15日，在古巴哈瓦那港停泊的美国战舰"缅因号"发生爆炸，导致266名船员丧生，鼓吹强硬外交的媒体立即作出反应，指责爆炸是西班牙的阴谋（尽管爆炸的原因从未有过定论），要求对西班牙宣战。麦金利总统迫于压力接受了要求，国会于4月20日正式宣战。西班牙在古巴驻军不多，舰队落后，很快被美国海陆军（包括西奥多·罗斯福[Theodore Roosevelt]上校指挥的一支志愿骑兵队伍）攻破，死伤惨重。美军共有5,000余名士兵丧生，主要死于疾病和食品中毒。尽管国会禁止正式吞并古巴，但是这场（一位华盛顿外交官口中的）“漂亮的小战役”却导致了美国对古巴长达数十年的经济和军事控制。

根据 1898 年和平条约的规定，为了偿还 2,000 万美元的赔款，西班牙将波多黎各、关岛和菲律宾群岛割让给美国。当时美国海军上将乔治·杜威（George Dewey）率领舰队对马尼拉进行了封锁，菲律宾群岛的西班牙殖民统治者已经投降。随后，菲律宾人为了独立而起义，镇压起义的战争一直持续了 3 年。这场战争将士兵和平民都卷入其中，最终导致 4,000 名美国人丧生，菲律宾人死亡总数则估计达 20 万。

与 19 世纪 40 年代的美墨战争一样，这场新的扩张浪潮也引发了美国国内的抗议。国会的一个委员会就美军用水刑等刑罚虐待菲律宾叛军一案召开了听证会。包括简·亚当斯、安德鲁·卡内基、马克·吐温和哲学家威廉·詹姆斯（William James）等人在内的反帝国主义联盟义正词严地警告称，帝国主义扩张违背了美国的建国原则，美国在世界上扮演角色的变化让人担忧。

大多数美国人对内战后美国经济的转型和发展感到骄傲。事实上，工业化的确促进了物质生活的改善。但是，工业化也在政治、社会和国际影响等方面带来了巨大的负面影响：工人被盘剥、工厂工作环境危险、城市贫民窟大量出现、阶级划分两极化、政治体制屈从商业阶层。对于非裔美国人而言，种族主义泛滥让内战时期的成果化为乌有。对妇女而言，新秩序带来的影响至多是喜忧参半的。到 1900 年，尽管经历了几十年的工业化、城市发展和国际扩张，美国仍有约 40% 的人口生活在贫困之中，美国军队也仍在镇压为了自由而奋斗的菲律宾人。1879 年，诗人沃尔特·惠特曼（Walt Whitman）曾写道，如果这种趋势持续下去，“那么我们为了建立共和而作的一切尝试，固然有表面上的种种胜利，在本质上就是一场不健康的失败。”

随着新世纪的到来，对国家生活发展方向的不满日益积累，新的改革浪潮将会兴起。

第六章

1900—1920：改革与战争

1911 年 3 月 25 日，周六，对于在纽约市三角制衣厂楼上车间工作的制衣女工们而言，漫长的一周工作就要结束了。突然，一场火灾爆发了。因为工厂没有灭火器和消防通道，而且出口大门要么被锁，要么违反消防规定向内开，这些主要是年轻女移民的工人们甚至没有逃生的机会。141 人或被火焰吞噬，或在绝望中从窗户跳下摔死。这场灾难加剧了公众对工业化给人带来的代价的警觉，而这种警觉在过去的几十年内在不断积累。到 19 世纪后期，工业化和城镇化的社会后果让很多美国人忧心忡忡，进而引发了被历史学家们称为“进步运动”的社会改良浪潮。

与此同时，在 1914 年，矛盾不断的欧洲对手之间爆发了战争。伍德罗 · 威尔逊（Woodrow Wilson）总统在战争初期宣布中立，但美国后来还是参战了。在威尔逊理想主义的感召下，美国人斗志昂扬地加入了战斗。然而，战争也激发了偏执和恐惧的浪潮，导致战后出现了理想幻灭后的激烈反应。

改革活力的觉醒

早在镀金时代，企业权力缺乏监管、阶级差异不断扩大、工厂和移民城市的条件骇人听闻，这些都引发了人们的担忧。宣传社会福音的改革派牧师坚称，严格意义上讲，耶稣基督的教义要求关照穷困与受剥削的人们。在《如果基督来到芝加哥》（1893 年）中，英国改革家威廉·斯特德（William Stead）激励生活安逸的中产阶级教徒正视美国生活的阴暗面。在堪萨斯州托皮卡市，公理会牧师查尔斯·谢尔登（Charles Sheldon）在畅销小说《跟随他的脚踪:耶稣会怎样做》（1896 年）中也提到了同样的问题。（直到今天，在印有“WWJD”[1]字样的手镯、咖啡杯和保险杠贴纸上仍能找到谢尔登作品的影子。）

---

1 WWJD 是 What Would Jesus Do 的缩写，意思是“耶稣会怎样做”。

图 7　警察在处理 1911 年纽约市三角制衣厂大火受害者尸体。这场致使 141 名年轻制衣工丧生的火灾震惊了全国，引发了人们关注由于工业发展缺乏管制而带来的社会和人身安全问题。

一些改革家专注于提升道德意识。基督教妇女禁酒联合会（1874 年）和反沙龙联盟（1895 年）致力于推动禁酒。反娼妓斗士们则援引废奴运动，敦促从美国城市中根除“白人奴隶制”。另外一些人则学习借鉴英国、德国、澳大利亚等国的改革经验，主张采取更加激进的方法，包括选举改革、支持劳工组织、政府管制企业行为，以及通过立法解决移民城市中的工厂安全、童工和卫生问题。一些人甚至接受了社会主义思想。在《民主与社会伦理》（1902 年）一书中，简·亚当斯从自己在社会服务中心的经历出发，明确指出：在工业化时代，“民主”不仅意味着选举权，更意味着公众需要采取措施改善社会最绝望弱势群体的境遇。记者赫伯特·克罗利（Herbert Croly）在《美国生活的希望》（1909 年）一书中重申了亚历山大·汉密尔顿有关政府应该积极介入的观念，但是提出现在政府介入是为了维护所有人的权利，而不仅仅是商业利益。

《麦克卢尔》和《矿工》等大众杂志揭露了城市工业化时代美国的糟糕状况。这些披露文章常被整理成册出版，进一步扩大了影响力。艾达·塔贝尔（Ida Tarbell）在《标准石油公司史》（1904 年）中记录了约翰·D. 洛克菲勒采用的那些冷酷无情的发展策略。戴维·格雷厄姆·菲利普斯（David Graham Phillips）的《参议院的叛卖》（1906 年）描述了大财团如何支配政治。约翰·斯帕戈（John Spargo）的作品《孩子们的痛苦呼叫》（1906 年）生动地描述了 170 万产业童工的遭遇。厄普顿·辛克莱（Upton Sinclair）的《屠宰场》（1906 年）揭露了芝加哥牲畜屠宰加工厂对工人的盘剥以及恶心的车间环境，提醒人们警惕受到污染的肉制品安全问题。辛克莱后来回忆说：“我原本想打动公众的心，却不期意撩起了民众的胃。”

从纽约到旧金山，改革派也在各地发起了打击市政腐败的运动，林肯·斯蒂芬斯（Lincoln Steffens）在《城市的耻辱》（1904年）中记录了这些努力。一些商业领袖意识到他们可以借此机会提高企业影响力、限制移民的政治权利，因此提议进行结构性改革，比如改选区选举为市级选举、当选者应称为“城市管理者”而非市长等。在经历了几十年无序增长后，主张市政规划和美化的改革派赢得了支持，他们提出美化城市能够培养好市民。

其他一些地方和州级改革则主要集中在劳工保护和商业监管上，包括制定工厂安全标准、禁止童工、治理烟囱污染。在三角制衣厂大火后，纽约州通过了多项劳工保护法案。其他州级改革包括：工人赔偿法案（1902年，马里兰州）、女工10小时工作制（1903年，俄勒冈州）、最低工资法案（1912年，马萨诸塞州）。赫尔馆的住院医生佛洛伦丝·凯利（Florence Kelley）创办了国家消费者联盟（1899年），致力于争取中产阶级对这些改革措施的支持。

在威斯康星州，共和党议员罗伯特·拉福莱特（Robert La Follette）在1900年对共和党为铁路等商业利益所主导的现状提出了批评，并因此成功当选州长。通过与位于首府麦迪逊市附近的威斯康星大学的教授们合作，拉福莱特通过了一系列改革政策，包括：提高企业税率、成立威斯康星州铁路委员会、通过竞选开销规程，以及建立初选直选体制以约束企业的政治权力。

进步主义在全国推开

1901 年 9 月，在纽约州布法罗市，一个无政府主义者枪杀了麦金利总统。一周后，麦金利逝世。因在美西战争中的功绩而声名鹊起的前纽约州州长、时任副总统西奥多·罗斯福（绰号“TR”）入主白宫，时年 42 岁。西奥多·罗斯福出生在一个显赫的荷兰移民家庭，他认为只有强力总统才能够保护公共利益，确保美国不断强大。他不喜欢也不信任控制经济和政治的“大财阀”。罗斯福不仅精力旺盛，也享受成为众人瞩目的焦点，在他的努力下，美国结束多年以来立法机关占主导地位的状况，总统的地位得以加强。他的女儿后来回忆道：“我父亲总是希望自己成为每场葬礼上的尸体、每场婚礼上的新娘、每场洗礼上的婴儿。”[1]

1 这句话的意思是西奥多·罗斯福总是喜欢成为众人瞩目的焦点。

1902 年煤矿工人举行罢工，罗斯福一改其前任们的反劳工态度，迫使矿主接受仲裁以提高矿工工资、缩短工作时间。当时，J.P. 摩根等几个金融寡头组建了一个信托机构，控制了整个西北部的铁路建设工程，罗斯福政府的司法部长以这些金融寡头违反《谢尔曼反托拉斯法》为由对他们提起了诉讼。最高法院支持了政府的诉讼，树立了罗斯福作为“反托拉斯斗士”的声望。在罗斯福的努力下，国会通过了《1906 年赫伯恩法》，授权美国州际商务委员会（简称 ICC）负责管理铁路公司，铁路公司的一些用来赢取政治和民众好感的伎俩也被判定违法。（ICC 成立于 1887 年，目的是监管铁路公司滥用职权和影响力，但是由于一系列不利于 ICC 开展工作的法院判决，ICC 在此之前一直举步维艰。）同年，国会通过了《纯净食品和药品法》和《肉类检查法》，监管食品和药品的不安全及掺假现象，并强制要求对辛克莱在其作品《屠宰场》中生动描述过的屠宰加工厂进行全面检查。

此外，罗斯福认识到工业化对自然的损害，因而支持建立了最早的国家公园，并采取措施保护自然资源。罗斯福还推动通过了《联邦土地开垦法》（1902 年），利用公共土地出让金收入建设水坝和灌溉工程，从而保护了大片公共土地免遭乱砍滥伐、无序开矿的破坏。

1908 年，西奥多·罗斯福表示不再参加连任竞选，在他的支持下，时任陆军部部长威廉·霍华德·塔夫脱（William Howard Taft）赢得了总统席位。支持商业利益和高关税的塔夫脱是更加传统的共和党人，不过在他担任总统期间却加强了对垄断行为的监管。然而，塔夫脱却冷落了关税改革派和环境保护主义者，因此在 1912 年（结束了在非洲狩猎探险的）罗斯福与塔夫脱争夺共和党总统候选人提名。罗斯福落败，转而作为进步党候选人参加了选举。（罗斯福曾兴致勃勃地声称："我觉得自己像一头公驼鹿一样健壮。"因为这个原因，进步党也被昵称为"公驼鹿"党。）由于共和党选票分散，民主党候选人、新泽西州州长伍德罗·威尔逊在总统选举中获胜，当时威尔逊还是一个政治新手，在此之前曾出任过普林斯顿大学校长。在这次总统选举中，社会主义者尤金·德布斯赢得了 89.7 万张普选选票，凸显了民众对缺乏监管的资本家权力的强烈反感。

具有改革精神的威尔逊支持通过了《安德伍德关税法》（1913 年），降低关税的做法赢得了农民和消费者的欢心。

在他的努力下，国会于1913年通过了《联邦储备法》，对银行系统进行了重组，由新成立的联邦储备局负责监管，联邦储备局是一个公私合作的新机构，拥有广泛的货币管理权力。1914年，又是在威尔逊的积极促成下，国会成立了负责监管不公平竞争行为的联邦贸易委员会，并通过了《克莱顿反托拉斯法》，具体列出了违法的企业行为，进一步强化了《1890年谢尔曼法》。

1916年，在威尔逊的支持下，还通过了一系列法案，包括：帮助债务缠身的农民摆脱债务、赔偿因工受伤的联邦雇员、禁止童工产品的州际贸易。（两年后，保守派占主导的最高法院判定最后一个法案违宪。）是年秋季，威尔逊赢得连任。

1913年通过的两项宪法修正案反映了当时的改革精神。第16号宪法修正案批准征收联邦所得税；第17号宪法修正案确立代表各州的美国国会参议员由民众直接选举，不再由州议会选举产生，以解决公司利益集团影响和腐败问题严重困扰各州议会的问题。在联邦政府之外，改革的活力也仍在沸腾。随着接受过高等教育的年轻职业女性的加入，妇女运动的力量不断增强，并且越来越多地将注意力集中到争取选举权上。在卡丽·查普曼·卡特（Carrie Chapman Catt）的领导下，全美妇女选举权协会专注于组织各种推动赢得州选举权的运动，1911 年在加利福尼亚的运动就取得了成功。模仿英国妇女参政活动家的做法，爱丽丝·保罗（Alice Paul）也组织了类似的妇女选举权协会，主要将精力集中于推动国会通过有关妇女选举权的宪法修正案。

一些勇敢的黑人领袖和白人支持者成为了继续争取种族平等的先锋。《波士顿卫报》编辑威廉·门罗·特罗特（William Monroe Trotter）批评布克·T. 华盛顿在种族问题上的谨言慎行，要求采取更加激进的方式。在其具有开创性意义的作品《黑人的灵魂》（1903 年）中，毕业于哈佛大学的历史学家、亚特兰大大学（由废奴主义者在 1865 年成立，旨在为非裔美国人提供教育）教授 W.E.B. 杜波依斯（W. E. B. Du Bois）也表达了类似的观点。1909 年，在包括废奴主义领袖威廉·劳埃德·加里森的孙子在内一些白人支持者的协助下，杜波依斯和其他非裔美国人创立了全国有色人种协进会（简称 NAACP[1]）。通过协进会自

1 NAACP 是 the National Association for the Advancement of Colored People 的缩写。

己的出版物，即杜波依斯负责编辑的《危机》杂志，加上在各地建立的分支机构，全国有色人种协进会开展了一系列活动，包括与私刑行为斗争、质疑法庭上的种族隔离、领导反种族主义运动等。

进步运动的成果与盲点

进步主义改革家们利用媒体、讲台和政治场合对由于工业化、城镇化和企业权力缺乏监管所带来的各种社会问题进行讨论。不久之后，罗斯福新政（见第七章）从进步运动的先例中汲取了经验。多年之后，西奥多·罗斯福的环境保护伦理启发了环境保护运动的兴起。

尽管如此，这些20世纪初的改革家主要是在美国出生的中产阶级白人，因此他们身上也不可避免地带有这个时代的偏见和盲点。一些人把工业化带来的问题归罪到移民头上；波士顿精英人士在1894年成立了移民限制联盟，1911年国会发表的一份报告宣称新移民存在身体和道德缺陷。在《伟大种族的消逝》（1916年）一书中，著名环境保护人士麦迪逊·格兰特（Madison Grant）甚至提供了一些伪科学证据，以证明北欧人如何在人种上优于犹太人、非裔美国人以及南欧和东欧人种。

进步主义人士中只有少数对私刑和种族歧视进行了批判。事实上，很多南方进步主义者都捍卫了白人至上和种族隔离。西奥多·罗斯福虽然曾在白宫招待布克·T. 华盛顿，但除此以外对种族问题都闭口不谈。作为一名弗吉尼亚人，伍德罗 · 威尔逊也曾盛赞 D.W. 格里菲斯（D. W. Griffith）于 1915 年拍摄的美化 3K 党的电影《一个国家的诞生》。在威尔逊领导的联邦政府里，种族隔离普遍存在。所以，正如历史常出现的情况一样，有关进步主义运动的基本判断也是好坏夹杂的：进步主义者的确取得了令人瞩目的成就；他们身上的缺陷反映了他们所处的时代，令人遗憾。

经济帝国主义；欧洲开战

美国资本家从未停止在海外谋求发展的脚步。1899—1900 年间，欧洲列强正迫使中国给予他们经济特许权，美国国务卿约翰 · 海伊（John Hay）提出了一系列所谓的"门户开放"照会，主张美国在中国的商业利益。（"门户开放”反映了美国政府对中国开放贸易的兴趣。）1900 年，美国军队参与八国联军镇压了反对外国侵略的义和团运动。1907 年，为了彰显美国的海上实力，西奥多·罗斯福派遣由战列舰、驱逐舰和补给舰组成的美国舰队进行环球巡游，出访了包括对自己海军实力感到骄傲的日本等国。

西奥多·罗斯福还采取措施确保美国在拉美地区的地位，将其作为投资机会和保证矿石等商品供应的来源地。成立于 1899 年、总部设于波士顿的联合果品公司以进口香蕉、咖啡和其他产品为主要业务，在这个时代该公司在美国和拉美都拥有着巨大的经济和政治影响力。西奥多·罗斯福还提出了门罗主义的“罗斯福推论”（1904 年），警告称如果任何一个拉美国家“长期出现错误行为”，美国有权采取军事干预措施。塔夫脱总统则对拉美采取了“金元外交”政策，同样促进了美国的海外经济利益。

美国扩张政策的高潮是 1914 年巴拿马运河的开凿。巴拿马运河连通大西洋和太平洋，有利于促进世界贸易发展。在 1902 年收购了一家破产的法国运河建设公司后，罗斯福政府在当时还是哥伦比亚一部分的巴拿马一手导演了一场“革命”。在支付给哥伦比亚大量赔偿后，巴拿马实现独立，运河开凿计划得以进行。

1911 年，墨西哥发生革命，威胁到美国的石油和矿业利益，威尔逊政府对墨西哥进行了武装干预。因为不喜欢韦拉克鲁斯当政的将军，威尔逊于 1914 年派兵推翻了他的统治。1916 年，一个墨西哥匪帮杀害了 16 名美国矿业工程师，并占领了新墨西哥的一个小镇，威尔逊就向美墨边境派遣了 15 万名国民警卫队队员。然而，就在这场交锋正在展开时，欧洲爆发了更加严重的危机。

1914 年 6 月，奥地利大公弗朗茨·斐迪南（Franz Ferdinand）对新近被奥地利吞并的波斯尼亚—黑塞哥维那进行国事访问。在大公夫妇乘车穿过萨拉热窝时，一位对吞并事件不满的波斯尼亚塞族青年开枪打死了大公夫妇二人。奥地利随即向塞尔维亚宣战。俄国站在塞尔维亚一边。其他欧洲国家也很快按照秘密条约加入了战争，其中法国、英国和俄国结盟为协约国一方，德国和奥匈帝国则组成了同盟国一方。（意大利在大战初期宣布中立，后于 1915 年加入协约国。）很快，战斗越演越烈，在从比利时到瑞士的漫长曲折的战线上，双方陷入了堑壕对峙的阵地战中。1916 年在默兹河畔的凡尔登双方展开了一场漫长的、互

图 8 西奥多·罗斯福总统于 1906 年参观巴拿马运河建设工地。巴拿马运河象征着美国崛起为世界性强国，罗斯福也为总统职位注入了好斗的活力和激进主义。

有胜负的大战，在这场惨烈的战役中共有 30 万人丧生。

威尔逊总统宣布美国保持中立，主张和平的人得到了广泛支持。然而，事实证明保持中立并非易事。很多美国人，尤其是处于统治地位的美国政治和金融精英（包括威尔逊本人），在血源和文化上与英国和法国有着千丝万缕的联系；另外一些美国人则与德国和奥地利有着各种关联；爱尔兰裔美国人也不支持英国。最后，还是支持协约国的一方占了上风。美国银行给英国和法国提供贷款，同时金融机构和工业企业也发起了"备战"运动，重整军备。从根本上讲，美国的全球扩张与欧洲帝国主义尤其是同盟国的利益是相互冲突的。

与久远之前 1812 年战争时的情况相同，中立国家权力问题再次成为了导火索。一战的交战双方都威胁到了美国商船，但是德国 U 型潜水艇对美国船只的攻击最终促成了美国参战。1915 年 5 月，一艘德国 U 型潜水艇发射鱼雷，在爱尔兰附近海域击沉了英国客轮"卢西塔尼亚号"，导致近 1,200 人死亡，其中包括 128 名美国公民。威尔逊提出抗议，柏林方面也一时停止了类似攻击。但是，1917 年 1 月，德国重新开始了无限制潜艇战。4 月 2 日，威尔逊宣布与德国断绝外交关系，并呼吁对德宣战。参众两院都一边倒地通过了威尔逊的决定。

第一次世界大战：欧洲战事

作为战争措施的第一步，国会批准征兵。除300万名应征入伍者外，还有近130万志愿军和国民警卫队加入了军队服役，其中包括26万名黑人和1.2万名印第安人。号称“协约国远征军”的第一支美国军队于1917年10月抵达法国，正值布尔什维克（共产主义）革命者在俄国夺取政权，并宣布俄国退出一战，德国将军力转移到西部战线。

具有讽刺意味的是，远征军司令约翰·潘兴（John Pershing）将军的先祖是姓Pfoersching[1]的德国移民。潘兴对堑壕战的僵局感到震惊，因此拒绝将美国军队并入法国和英国部队。1918年初，协约国一方组建了法国统帅指挥下的联合军队，但是美国士兵仍独立组成编队参加作战。德国发起春季攻势时，远征军在3月参加了法国西北部索姆河沿岸亚眠附近的战斗。5月，远征军协助击退了德军在亚眠以南发动的进攻。在此以东的马恩河战场上，德军已经推进到距离巴黎仅有50英里的地方。远征军在兰斯、

1 Pfoersching是一个典型的德国姓氏。

蒂埃里城堡和贝洛森林地区阻击德军的战斗中也起到了关键作用。

协约国军队发起的反攻逼得德军向东节节败退，战争的局势也发生了扭转。超过 25 万名远征军士兵参与了前线作战，足迹遍布从索姆河到马恩河的战线，他们参加了圣米耶勒战役，最后在墨兹—阿尔贡战役中向北穿越阿尔贡森林，占领了重要的铁路要道色当。1918 年 11 月 11 日，德国投降。

这样简单的概要完全不能反映战争的残酷性，据保守估计，第一次世界大战共导致 1,000 万士兵阵亡、700 万贫民丧生，包括因饥荒和疾病死亡的人数。俄国共计死亡 180 万士兵、法国 140 万、英国 88.5 万。坦克、毒气和空袭等新的杀戮技术的运用大大增加了人员伤亡。从军营首先爆发的流感疫情在全世界范围内造成了至少 5,000 万人死亡。

美国军队在战斗中共损失 4.9 万人，另有 6.3 万人死于疾病，主要是死于流感。与其他国家的数据相比，美国的损失虽然巨大，但要小得多。尽管如此，一战在国内政治和外交领域对美国产生的影响丝毫不小于战争本身的后果。

国内交锋

与之前的冲突相同，美国在一战中的短暂参战所带来的影响远远超过了战场的范围。比如，由于欧洲出现饥荒、美国政府需要保证庞大军队的供给，美国农产品价格飙升。新发迹的农场主投资大量资金用于土地和设备，导致他们在战后价格下跌时负债累累。

继进步主义时代之后，美国政府管控经济的权限在1917—1918年间进一步扩展。负责管理铁路运输的联邦机构保证军需品运输享有优先权。由华尔街投资人伯纳德·巴鲁克（Bernard Baruch）领导的战时产业委员会负责监管工业生产，以最大化地提高生产效率。此后，在20世纪30年代的大萧条时期，富兰克林·D. 罗斯福总统也采用这些战时经济管理办法，通过政府干预方式抗击经济危机的影响。

由于战备生产大发展、移民中断和大量工人参军等原因，美国企业调整了长期以来的歧视性雇佣政策。成千上万的非裔美国人从南方涌入北方工厂寻找工作。这股移民潮使北方城市的种族局势更为紧张，而与此同时，在法国作战的黑人士兵也接触到了种族问题不那么突出的社会。所有这些对未来产生了长远的影响。

妇女抓住了战时就业机会，纷纷在工厂和其他男性主导的行业里工作。尽管战争结束时，回国的退伍军人重新占据了这些工作岗位，但是战时工作的记忆在这些妇女的女性后代中得以传承，激发了后世争取在工作中实现性别平等的运动。

一些进步运动时期的改革措施得到了进一步发展。一个新设立的政府机构、战时劳工委员会支持工人组建工会，并促进了工厂安全和工作环境的改善。由于妇女选举权运动领袖对美国参战的支持，越来越多的美国人支持妇女运动事业。1917 年 11 月，纽约州通过法案承认妇女拥有选举权；1920 年第十九号宪法修正案通过，所有美国妇女赢得了选举权。此外，在战时道德理想主义的刺激下，反娼禁酒改革运动继续推进。（一些大型酿酒企业使用德语作为品牌名称，比如安霍伊泽—布施，这也在战时促进了禁酒运动的发展。）1919 年通过了有关禁酒的第十八号宪法修正案。作为战时举措之一，新奥尔良关闭了红灯区，这也导致很多爵士音乐家选择北上。

战争还影响到了国内政治和文化气候。威尔逊政府中的宣传机构公共信息委员会利用海报、游行和杂志广告等方式煽动了狂热的爱国主义情绪。“四分钟演说员”在电影院中就如何支持战争慷慨陈词。电影明星们宣传“自由公债”，为战争筹措资金。音乐创作者也创作了曲调欢快的战争赞歌，比如乔治·M. 科汉（George M. Cohan）的《在那里》。以哲学家约翰·杜威（John Dewey）为代表的进步思想家支持参战，认为这样做才能够加速世界和平和公正新时代的到来，并推动国内政府更加积极地促进社会平等的实现。

然而，团结一致和理想主义的精神后来慢慢变得极端，和平主义者、社会主义者、因为家族关系而同情德国的人和其他反战人士被批评是叛国者。在伊利诺伊州，一群暴民因为一名德裔美国煤矿工人批评战争而将其吊死，陪审团判定暴民领袖无罪释放。波士顿交响乐团解雇了乐团的德裔指挥家。电影和海报将德国士兵塑造成施虐狂和强奸犯。《1918 年反间谍法》及《反煽动叛乱法修正案》（1919

年）禁止出版宣扬社会主义和激进主义的出版物，并认定一切批评政府和战争的言论违法。包括尤金·V. 德布斯在内的很多人被捕入狱。德布斯直到 1921 年才出狱，而他本人却在 1920 年的总统选举中获得了 90 万张选票。由于保守主义情绪的蔓延，共和党在 1918 年中期选举后控制了参众两院。

战后苦果

美国人用庆祝游行的方式迎接 1918 年 11 月的停火协议，但是战争的后果远不是威尔逊总统和美国民众所期待的那样。为了推翻俄国共产主义新政权，美国军队加入了一支多国部队，这一决定成为后来两国之间敌对状态的一个刺激因素。威尔逊出席了 1919 年的凡尔赛和会（成为第一位在任时出访外国的美国总统），但是和会的结果让威尔逊大失所望。法国、英国和意大利提出了报复性和平条款，要求战败国支付惩罚性战争赔款，迫使德国和奥地利割让大片领土，这些都引起了战败国的强烈不满。

凡尔赛和会上，威尔逊最大的成就是促成协约国承诺在和约上签订协议，同意成立新的国际维和组织：国际联盟。为了推动参议院批准和约，威尔逊不辞辛劳地在全国各地发表演讲。1919 年 10 月，威尔逊劳累过度病倒。在赶回华盛顿治疗后，又一次严重中风发作，导致威尔逊变成了一个牢骚满腹的病人，再也无法处理政治事务。威尔逊病倒的同时，美国出现了孤立主义政治转向，尽管一些参议员曾努力尝试就国际联盟条款达成某种妥协，但是已经于事无补。1919 年 11 月，参议院就美国是否加入国际联盟投票，一方是马萨诸塞州参议员亨利·卡伯特·洛奇（Henry Cabot Lodge）领导的反对派，另一方则是按照威尔逊的指示拒绝以任何形式妥协的国联支持者，结果参议院投票拒绝签署和约，美国将不会加入国际联盟。在他 1924 年逝世之前的几年中，威尔逊的生活充满了痛苦和怨恨，美国历史上最伟大的政治家之一在挫败和失望中辞世。威尔逊未能亲眼看到美国在 1945 年加入国际联盟的继任组织：联合国。

在美国国内，战时就已出现的反对改革的大环境更加恶化。白人越来越敌视从南方涌入北方寻求发展机遇的黑人。私刑案例迅速增加，一些私刑的受害者甚至是仍在服役的黑人士兵。1919 年，奥马哈、芝加哥等城市爆发了反对黑人的暴动。在反激进主义的浪潮中，国会众议院拒绝接纳来自密尔沃基、信奉社会主义的议员维克托·伯杰（Victor Berger）。西雅图市长调集联邦军队镇压了一场大罢工。1920 年 1 月，在年轻的 J. 埃德加·胡佛（J. Edgar Hoover，后出任联邦调查局局长）的领导下，司法部反激进主义局在一系列协调一致的“红色搜捕”行动中逮捕了几千名激进分子嫌疑人。数百人入狱，在美国的外国激进分子则在未经多少法律程序审查的情况下被驱逐出境。

1917 年 4 月美国带着崇高的理想主义参加了第一次世界大战，战争结束时给美国留下了保守和孤立主义盛行的大环境，一直持续至 20 世纪 20 年代末。在国内和国际两个层面，战争都未能取得支持者期待的成果。当美国在不安中进入 20 世纪 20 年代时，不久前的进步运动却已经成为了模糊的记忆。

第七章

1920—1945：从冲突到全球大国

从 1920 年到 1945 年的 25 年间，美国发生了巨大转型。在 1920 年，尽管美国已经成为工业大国，但仍只能算是地方性大国，在全球事务中无足轻重。截至 1945 年，整个世界饱受战争摧残，而美国却通过 20 世纪 30 年代的“新政”实现了国内政治的改革，确立了世界大国的地位。同期，学者、社会思想家和文化创意者对前人倡导的道德必然性提出了挑战，进而促使美国社会更加现代和国际化。

20 世纪 20 年代：政治反响、社会张力与文化骚动

“咆哮的二十年代”曾是美国记忆中的传奇片段。弗雷德里克·刘易斯·艾伦（Frederick Lewis Allen）的著作《仅仅是昨天：从大繁荣到大萧条》（1930 年）等通俗历

史作品更是强化了这一传奇。这是充满活力、享乐至上的十年：美国人抛弃传统禁忌和威尔逊式的理想主义，涌入爵士俱乐部和禁酒令时期的非法酒吧；这些非法酒吧的烈酒主要来自各种族匪帮，比如芝加哥的阿尔·卡彭（Al Capone）。

“咆哮的二十年代”这一形象反映了这个时代的部分现实。正如 F. 斯科特·菲茨杰拉德（F. Scott Fitzgerald）在 1920 年出版的小说《人间天堂》中写的那样，对于一些富足的大学生而言，20 世纪 20 年代的确带来了挣脱旧时代约束的兴奋感。得益于亨利·福特（Henry Ford）的批量生产工艺，拥有汽车的人口暴增，上百万的美国人得以享受自由出行的便利。在 1914 年，美国机动车登记量不足 200 万，而截至 1930 年，这一数字激增至 2,700 万。广播、好莱坞电影、音乐录制带和全国性广告的传播刺激了新型大众文化的发展。棒球运动员贝比·鲁斯（Babe Ruth）、拳击手杰克·登普西（Jack Dempsey）等体育英雄成为媒体明星。1927 年，酷爱冒险的飞行员查尔斯·林德伯格（Charles Lindbergh）成功地驾机从纽约不间断直飞巴黎，这让唯名人是从的美国掀起了庆祝狂潮。

然而，在表面泡沫和福特汽车的喧嚣声之外，美国社会现状却复杂得多。在政治上，一战后保守主义回潮仍在延续。1920 年，共和党总统候选人、俄亥俄州参议员沃伦 · G. 哈定（Warren G. Harding）以压倒性优势赢得总统宝座。除了 1922 年世界海军强国为限制军舰制造而召开的华盛顿会议外，哈定的总统任期充满了各种丑闻，无甚建树。1923 年，哈定死于心脏病，由副总统卡尔文 · 柯立芝（Calvin Coolidge）接任总统一职。来自佛蒙特州的柯立芝沉默寡言，从表面上看与喜欢交际的哈定非常不同。20 世纪 20 年代公共关系活动业快速发展，精明的公关活动塑造了柯立芝刚正不阿美国人的形象。尽管柯立芝政府相比之下更加诚实，但是在保守和亲商上与前任并无差别，正如柯立芝的至理名言所说 ：“美国的事业就是商业”。

柯立芝在 1928 年提出不再参加竞选，时任商务部长赫伯特 · 胡佛（Herbert Hoover）获得共和党提名，并在选举中战胜了竞选对手纽约州州长、来自移民家庭的天主教徒阿尔 · 史密斯（Al Smith），赢得总统席位。美国的经济发展和反天主教的偏见帮助了胡佛当选，但是移民城市选民多支持民主党，彰显了未来可能出现的转变。胡佛出生

图 9　在旧金山参加了 1920 年全国妇女党大会后，大会法律秘书莫德·扬格（Maude Younger）开车返回华盛顿后在查看她的福特车。尽管妇女已经获得了投票权，但是汽车的出现赋予了妇女自由和出行便利性，让她们有进一步获得解放的感觉。

在贵格会家庭，靠自己努力成为了一名采矿工程师。在出任战时食品管委会成员和商务部长期间，胡佛支持政府采取更加积极的措施。他在思想上更接近西奥多·罗斯福，而不是哈定或者柯立芝。1927 年，洪水袭击了密西西比河谷，胡佛急忙赶去现场，协调个人抢险救灾工作。在总统任期，胡佛发起了公共政策问题研究，并召集企业领导讨论通过志愿合作提高效率。虽然胡佛在任期初的表现让人期待，但是股票市场崩盘及其后果压垮了胡佛的总统任期，让他声名扫地。

在 20 世纪 20 年代的美国，技术变革，意识形态动荡，城镇化、移民、黑人移居北方等带来了各种社会问题，这些都让美国人不知所措，美国社会出现了严重的紧张局势。1920 年人口普查结果表明，美国城镇人口首次占到了美国人口的大多数，凸显了美国的城镇化转型。

20 年代，在重建时期曾一度横行的白人至上主义团体"三 K 党"重新活跃起来。由于采取了精明的宣传措施，"三 K 党"的影响范围在 20 世纪 20 年代初从南方扩展到中西部和西海岸各州。身着白袍、信奉新教的"三 K 党"成员举行游行和集会，在夜晚焚烧十字架，恐吓黑人、天主教徒和所谓的道德散漫者。印第安纳州"三 K 党"首领卷入了性丑闻事件，这一轮全国性"三 K 党"浪潮消退，但是它的不宽容和恐吓手段留存了下来。

很多劳工阶级的非裔美国人团结在马库斯·贾维（Marcus Garvey）周围，贾维是个极具领袖魅力的牙买加移民领袖。通过组织集会、统一制服，贾维领导的全球黑人进步协会（UNIA）成员宣扬黑人种族自豪、由单一种族组成企业以及最终重返非洲。这场运动让美国白人和提倡种族融合的全国有色人种协进会颇为紧张。1927 年，贾维被控邮件欺诈并且罪名成立，最终被驱逐出境，这削弱了黑人进步协会的影响力。尽管如此，这仍是大规模黑人运动的早期尝试。

1920 年，在马萨诸塞州的南布伦特里市发生了一起工厂抢劫案，一名出纳员和门卫被杀。两名来自意大利的移民、无政府主义者尼古拉·萨科（Nicola Sacco）和巴尔托洛梅奥·万泽蒂（BartolomeoVanzetti）被判定为此案主犯，并被处以死刑，而他们的支持者认为案件审判中存在着反激进主义和反移民的问题。尽管各地出现了抗议运动，但是由知名法官组成的委员会维持了原判，两人于 1927 年被处以电刑。年轻的白人作家约翰·多斯帕索斯（John DosPassos）创作了一首诗，表达了他的愤怒。在诗中，他总结道："够了，够了，我们已是两个国家。"尽管随后的调查倾向于证明审判结果是合理的，但是萨科—万泽蒂一案仍是 20 世纪 20 年代美国分裂的象征。

虽然自由派宗教领袖早已接受达尔文的进化论，但是新教原教旨主义者却反对进化论，视其为"圣经无误论”的巨大威胁。事实上，新教原教旨主义者早已对《圣经》批判研究、神学的“现代主义”和日益盛行的世俗城市文化颇为恼怒。田纳西州立法禁止在公立学校讲授进化论，该州代顿市的教师约翰·斯科普斯（John Scopes）对法案提出了质疑，并得到了美国公民自由联盟和希望招徕生意的当地商人的支持。1925 年斯科普斯案引起了全国的关注，包括突破传统的新闻记者亨利·L. 门肯（Henry L. Mencken）、律师克拉伦斯·达罗（Clarence Darrow）和威廉·詹宁斯·布赖恩（William Jennings Bryan）等名流也参与进来，出庭作证。斯科普斯审判和最终不了了之的审判结果却并未能像某些人声称的那样动摇原教旨主义，却进一步凸显了这个时代深刻的文化分裂。

20 年代也是文化创意爆发的年代，青年作家和剧作家，其中一些正流亡国外旅居巴黎，创作了新颖、充满原创性的作品。在《永别了，武器》中，欧内斯特·海明威（Ernest Hemingway）摒弃了有关 1917—1918 年的理想主义言论，真实描述了大屠杀的现实。辛克莱·刘易斯（Sinclair Lewis）的《大街》和《巴比特》讽刺了美国中产积极的地方主义和反智主义。F. 斯科特·菲茨杰拉德的

《了不起的盖茨比》对战后美国特权精英阶层的浅薄和傲慢进行了深入探查。在哈莱姆文艺复兴运动中，才华横溢的黑人作家、艺术家和音乐家创作了大量极具艺术原创性的作品。路易斯·阿姆斯特朗（Louis Armstrong）、弗莱彻·亨德森（Fletcher Henderson）、爱德华·（“公爵”）·埃林顿（Edward “Duke” Ellington）等爵士乐大师将爵士乐这种植根非洲的美国特有音乐形式介绍给了广大公众。在文化版图上，创意观点和现代主义对传统规则提出了挑战，科学技术取得了重大成就，这个时代也成为美国历史上智力成果最为丰富的时代之一，改变了美国缺乏思考、俗气守旧的传统形象。

大萧条与改革

20 世纪 20 年代是经济大繁荣时期，汽车、收音机和电器产品的广告以及消费者的需求促进了经济发展。住房建设快速发展。美国家庭形成了度假、观看电影和体育赛事的习惯。然而，经济繁荣是有限度的。大量举债的农场主经历了农产品价格从战时高点暴跌的厄运。移民工人家庭需要努力工作才能勉强维持生计。在那个种族主义盛行的年代，大多数非裔美国人和印第安人都生活在经济的边缘。

随着时间的推进，警示信号不断出现。消费者收入的减少导致住房、汽车和消费商品过剩。建筑业发展停滞，工厂货品积压。股票价格暴涨，投机商和依赖信贷的股市新手更是抬高了股票价格。1929 年 10 月，随着股市崩盘和虚拟财富蒸发，经济崩溃了。虽然胡佛总统发言表示乐观，但是随着失业增加、生产衰退、银行破产和恐惧席卷全国，美国进入了长期衰退阶段。1931 年的全球通货紧缩更是加剧了危机。截至 1933 年，美国工人失业人口达到工人总数的 25%，另有数百万人处于半失业状态。唯意志论的胡佛敦促私营企业加倍采取补救措施。1932 年，胡佛支持国会组建了一个新机构：复兴金融公司（RFC），向银行和其他金融机构提供贷款，为经济发展注入资本，甚至向州和地方经济刺激计划提供贷款。

尽管如此，大萧条的危机仍在恶化。1932 年，美国选民抛弃了胡佛，成功地选举纽约州州长、民主党人富兰克林 · D. 罗斯福美国总统，同时，民主党也控制了国会。

罗斯福出生在显贵家庭，是西奥多·罗斯福的远亲。因为1921年患上了脊髓灰质炎，罗斯福无法行走，但这更加磨炼了他的意志，让他对人类的苦难有了更深刻的理解。罗斯福的竞选讲话并没有列出什么详细举措，不过他却承诺会采取一些“新政”，就这样在不经意中命名了一个时代。与胡佛不同，罗斯福自信、乐观，愿意接受各种尝试。他招募了跟他一样相信创新力量的年轻官员和顾问（包括之前被排除在华盛顿核心集团之外的犹太人和天主教徒）。

在友善的气氛中宣誓就职后，罗斯福首先着眼于解决当下的危机。为了恢复对银行的信心，罗斯福支持国会通过立法，对存款投保，并加紧了银行监管。为了应对就业危机，在罗斯福的推动下，国会拨款筹建了紧急救济基金；组建公共工程管理局（PWA），雇佣工人参加基础设施建设项目；组建民间资源保护队（CCC），让无业青年在公园和荒野地区从事植树造林、山路维护等工作。新政早期最具创新性的项目是田纳西河流域管理局（TVA），负责田纳西河流域的水坝和水电站建设、发电、土壤流失和洪灾控制，以及这一贫困地区的娱乐设施建设。

早期新政的两项措施促成了长期经济复苏。农业调整管理局（AAA）用经济补贴鼓励农民缩减基本农产品生产，以提高农产品价格。国家复兴管理局（NRA）则采用了胡佛提出的政企合作的方式。企业管理者通过协商志愿达成一致，保证就业、价格和工资，进而刺激工业复苏、预防通货紧缩。配合新政的企业打出了“做出我们的贡献”的标语。国家复兴管理局反映了罗斯福早期寄希望团结包括企业在内的社会各界，共同完成复兴计划的目标。然而，这些机构也出现了种种问题。复杂的官僚机构组织拖累了国家复兴管理局；农业调整管理局虽然整体提高了农场收入，但是农场工人、小佃农和外来工却获益不大。1935 年，最高法院宣布这些机构和项目违宪，很少人为此而哀悼。

面对来自共和党人的反对和以颇善蛊惑人心的路易斯安那州州长休伊·郎（Huey Long）为代表的左派的挑战，罗斯福在 1934—1935 年间调整了努力的方向。罗斯福弱化了团结社会各界的主题，转向推动以党派和社会阶层为基础的立法、采用监管措施和制定税收政策。在罗斯福的推动下，国会提高了针对企业和最富有美国阶层的税收；新组建公共事业振兴署（WPA），能够比运转缓慢的公共工程管理局更快地创造就业机会；组建联邦证券与交易委员会，以便更加严格地监管股票市场。新政措施中延续时间最长的两项措施也诞生在1935年。《全国劳工关系法》扭转了长期以来政府对劳工组织的敌视态度，确保了工会的集体议价权，取缔了各种反工会的策略。很快，在汽车、钢铁等行业，工会组织迅速发展。同样产生了长远影响的措施还有《社会保障法》。根据该法案，美国在联邦和州两个层面创立了老年保险、失业救济和对需要抚养子女家庭进行援助的计划。尽管该法案并不包括农场主和自谋职业者，但是基于此项法律建立的国家保障系统却会在未来不断扩展——它引发了各种争论，却重塑了美国的社会契约传统。

在1936年总统竞选中，罗斯福批判了“富有的恶人们”，并表示无惧他们的反对，彰显了罗斯福新政措施正在转向左派。在以绝对优势赢得总统选举后，罗斯福很快提议扩大由9名最高法官组成的联邦最高法院，原因是由保守派主导的最高法院已经否决了多项新政措施，而罗斯福担心1935年提出的新政措施会面临同样的命运。罗斯福的“最高法院扩充”计划并未成功，这表明即便是最受民众爱戴的总统，他的权力仍是有限的。但是，随着几位年长的最高法官退休，罗斯福趁机任命了几位更支持新政的法官。由于经济刺激的补贴开始削减和社会保障收入减少，1937—1938 年再次出现了经济大幅衰退，并再次抬高了失业率，导致共和党在 1938 年中期选举中大有斩获。作为回应，罗斯福推出了新一轮的刺激措施，但是 1940 年美国失业率仍高达 14.6%。同一年，当罗斯福破纪录地第三次当选美国总统时，严峻的国际形势走向掩盖了国内问题的严重性。

因为在国会投票中需要倚赖南方白人民主党议员的投票，罗斯福回避了种族问题，比如全国有色人种协进会要求政府将私刑定为触犯联邦法律的犯罪行为的请求就没有得到总统眷顾。尽管如此，罗斯福政府也支持了一些象征性的措施。比如，1939 年，在美国革命女儿会禁止黑人女低音歌唱家玛丽安·安德森（Marian Anderson）在其位于华盛顿的会堂演出后，罗斯福政府批准安德森在林肯纪念堂举办了音乐会。罗斯福夫人埃莉诺（Eleanor）也是一个积极的政治人物，深入参与各种涉及社会公正的问题、谴责种族歧视，并不断推动罗斯福关注这些问题。

新政在反抗经济衰退方面的表现优劣参半。早期采取的一些措施并未取得成效。经济刺激和公共工程项目只是短期内给无业者提供了帮助，直到第二次世界大战发生，美国才恢复了全面就业。罗斯福在预算政策上持保守态度，拒绝采用英国经济学家约翰·梅纳德·凯因斯（John Maynard Keynes）提出的利用赤字开支刺激经济增长的方法。由于新政所需资金主要来自出售政府公债，经济刺激效果有限。

尽管如此，新政仍是美国历史的分水岭。民间资源保护队、公共事业振兴署、田纳西河流域管理局等一系列新政机构改善了美国的公共事业基础设施和国家公园建设。公共事业振兴署的文化项目帮助艺术家、剧作家、音乐家和作家进行创作。1934—1935 年间那些更加激进的措施促进了工会发展，加强了金融监管，利用累进税收政策缩小了阶级差距，创建了社会福利体系的雏形。虽然有保守派对罗斯福提出批评，但是罗斯福只是改革者，而非革命者。罗斯福的目标是缓和资本主义弊端，进而保护而非摧毁资本主义。尽管赞扬、丑化和模仿始终伴随着新政措施，新政仍是不同意识形态流派学习的对象。正如新政重塑了美国政治文化，第二次世界大战即将从根本上延伸美国的全球角色。

二战与全球霸权

1930 年，几乎没有美国人会预见美国将很快卷入另一场战争。事实上，1918 年后出现的对抗威尔逊国际主义路线的运动，反映了美国历史上根深蒂固的一个传统，那就是避免卷入外国事务。“扒粪运动”揭露了银行家和企业家如何推动美国在 1917 年卷入一战，强化了国人对国际主义路线的反对。截至 20 世纪 30 年代中期，和平运动席卷了美国大学校园，国会通过一系列中立法案，防止美国卷入未来争端。

国际局势的恶化表明美国的希望是多么幼稚。在贝尼托 · 墨索里尼（Benito Mussolini）的带领下，意大利法西斯在 1922 年攫取了政权。1937 年，崇尚扩张主义和军国主义的日本入侵中国，日本军队在中国南京进行了大屠杀。在德国，阿道夫 · 希特勒（Adolf Hitler）的国家社会党（纳粹政党）在 1933 年上台，恐吓国内反对派，并实施了在德国境内清除犹太人、社会主义者和共产党人的政策；撕毁了惩罚性的《凡尔赛条约》；在德国东部国境以外的区域寻求“生存空间”。弗朗西斯科·佛朗哥（Francisco Franco）领导的法西斯军队进攻西班牙民选共和政府，西班牙内战（1936—1939 年）爆发，预示着未来即将出现的冲突。希特勒支持佛朗哥，而苏联则向共和政府联盟内的共产党人提供协助。美国志愿者组成了亚伯拉罕 · 林肯旅团，与西班牙共和军携手作战，直至共和军战败。

1939 年，希特勒和苏联领导人约瑟夫 · 斯大林（Josef Stalin）签署了互不侵犯条约，根据条约规定，苏德两国秘密瓜分了波兰。条约完全无视了苏联自己提出由共产主义者和非共产主义者联合组成人民阵线以反抗法西斯主义的倡议，让支持这一倡议的美国人大为失望。1939 年 9 月 1 日，德国入侵波兰，随后英国和法国对德宣战。1940 年春，德国占领了挪威、丹麦、荷兰和比利时，并攻入法国。6 月，英国军队从敦刻尔克撤退，法国投降。纳粹飞机随后对英国城市进行了轰炸，时任英国首相温斯顿 · 丘吉尔（Winston Churchill）向美国求援。

尽管罗斯福也认为美国终究会参战，但他采取了谨慎的态度。“美国至上”运动凸显了美国的孤立主义氛围，1937 年，罗斯福间接地提出了“隔离”侵略国的主张。

1939 年 9 月欧洲战事全面爆发后，罗斯福强调了美国的中立政策，但也声明他不能（像威尔逊那样）要求美国人民在思想上保持中立。1940 年，国会通过扩军法案，美国第一次在和平时期征兵。根据《租借法案》（1941 年 3 月）的要求，国会批准贷款 70 亿美元，帮助资金有限的英国购买美国军火。在罗斯福的批准下，美国护航舰队护送军火运输船只横跨大西洋。

1941 年 6 月，德国入侵苏联，11 月即推进到莫斯科近郊。1941 年 12 月 7 日，日本军用飞机袭击了驻扎在夏威夷珍珠港的美国舰队，炸沉炸毁 19 艘美国军舰和 150 架飞机，造成 2,335 名美军士兵死亡，美国的暧昧态度终结。第二天，美国国会向日本、德国和意大利等轴心国宣战。志愿者和应征入伍者涌入军事训练营，工厂转向军用生产，美国人团结一心参战。在战争时期的几次会晤中，罗斯福和丘吉尔结成了"大联盟"，以协调总体战略和战争目标。

在欧洲战场上，联军先是在北非击败了埃尔温·隆梅尔（Erwin Rommel）将军率领的德国部队，随后在 1943 年初占领了西西里，随后攻入意大利，并一路向北挺进。7 月，意大利退出二战，到 1944 年夏天，意大利境内的德军撤出。1944 年 6 月 6 日（登陆日），在美国将军德怀特·艾森豪威尔（Dwight Eisenhower）的指挥下，16 万盟军士兵在法国诺曼底登陆，这也成为历史上最大规模的水陆两栖作战行动。尽管德军进行了顽固抵抗，但是盟军很快横扫法国，并在 8 月份解放了巴黎。1945 年初，盟军已经攻入德国本土。美英轰炸机对德国工业基地进行了轰炸，并对柏林、汉堡和其他城市进行了轰炸。1945 年 2 月的一次轰炸彻底摧毁了多瑙河畔的美丽古城德累斯顿，共计炸死 2.5 万人。1944 年起，德国用 V-1 和 V-2 飞航式导弹对伦敦、安特卫普等城市进行了密集袭击。“全面战争”的时代到来，双方甚至刻意将平民作为攻击目标。

与此同时，苏联军队在东线突破了德军对斯大林格勒和列宁格勒的包围，将侵略者赶出苏联。苏联军队随后横扫东欧，并于 1945 年 4 月攻入德国。苏联在东线进军的同时，美英等其他同盟国军队则从西线压进，形成两面夹击的态势。1944 年 12 月，德国发动了反攻，是为坦克大决战，德军战败。苏联攻入柏林时，希特勒和情妇在地下掩体中自尽身亡。1945 年 5 月 7 日，德国投降。罗斯福总统却于 4 月 12 日死于脑出血，未能活着看到胜利这一天。

图 10　1943 年 1 月，温斯顿 · 丘吉尔首相与富兰克林 · D. 罗斯福总统在摩洛哥的卡萨布兰卡举行会晤。他们宣布盟军战斗目标是迫使敌方“无条件投降”，并就开辟反纳粹德国的第二战场的位置进行了讨论。战争期间，两国领导人多次会面，建立了良好的合作关系。

罗斯福逝世后，他的副总统哈里 · 杜鲁门（Harry Truman）继任总统。

在太平洋战场，日本在珍珠港事件后曾取得了巨大的军事胜利，攻占了西方殖民帝国的众多领地。美国控制下的菲律宾在 1942 年被日军攻占。媒体报道了日军暴行，包括针对在菲律宾被俘美军的“巴丹死亡行军”事件，加深了美国对日本的仇恨。为了扭转战局，美军采取了“越岛作战”战略，一步步逼近日本。1943年2月占领了所罗门群岛的瓜达尔卡纳尔岛后，美军击溃日军的顽固抵抗，先后攻占了吉尔伯特、马歇尔和马里亚纳群岛。1945年2月，美国从日本手中夺回了菲律宾。1945年3月，美军攻占了马里亚纳群岛的硫磺岛，美军士兵在折钵山山顶插上美国国旗的照片更是成为了这场战争的标志性形象。日本本岛的最后一道防线冲绳岛在6月投降。美国在一系列海战中也取得了胜利，包括珊瑚海和中途岛海战（1942年）及莱特湾战役（1944年10月）。美国轰炸机从新建的海岛机场起飞，对日本城市进行了轰炸。1945年3月，375架B-29轰炸机对东京进行轰炸，引发了风暴性大火，估计共导致10万人死亡。

1945年8月6日和9日，美国的两颗原子弹摧毁了日本广岛市和长崎市，数万人死于原子弹爆炸造成的冲击波和火灾，核辐射致死人数更多。原子弹基于欧洲物理学家的理论研发，这些物理学家有的是作为纳粹难民移民到美国的。罗斯福总统于1942年拨款资助了这个名为“曼哈顿计划”的秘密战时项目。原子弹的各个部件分别在华盛顿州的汉福德、田纳西州的橡树岭、芝加哥大学和新墨西哥的洛斯阿拉莫斯组装，并于1945年7月在新墨西哥试爆成功。随后，（当时正在柏林郊外的波茨坦参加战后盟军领导人会议的）杜鲁门总统批准对日本使用原子弹。美国于8月6日在广岛投下原子弹。两天后，苏联兑现了斯大林在雅尔塔会议上的承诺，对日宣战。在长崎原子弹引爆五日后，日本宣布投降。因为核物理研究的发展和曼哈顿计划，空战时代已经出现的大量平民伤亡变得更加严重，只需要一颗炸弹就能够迅速造成大量平民伤亡。

使用原子弹是否合理呢？很多历史学家认为，即使不使用原子弹，日本也会在1945年晚些时候宣布投降，尤其是如果盟军同意保留裕仁天皇（后来盟军确实也同意了）。另有一些历史学家发现，美国在苏联承诺的对日宣战时间的几个小时前引爆原子弹，这与华盛顿对战后美苏关系的考量有关。不管答案是什么，大多数美国人都支持了杜鲁门在战争胜利时的结论：原子弹帮助美国赢得了战争，减少了美国的伤亡。与1918年一样，兴奋的人们涌上街头庆祝二战胜利。

二战的后果

第二次世界大战导致40万美国人丧生、67.2万人受伤。与一战的情况相同，美国的伤亡相比之下并不特别触目惊心，考虑到战争在世界范围内造成的物理性破坏和高达1,700万军事人员和2,000万平民死亡人数，包括数百万死于纳粹集中营的犹太人和其他人种。然而，由于日本的偷袭行为和帝国主义目的，以及德国的种族清洗逻辑，很多人认为二战是一场正义的战争。在后来，当美国卷入越南战争和其他有争议的军事干预行动中时，美国人会回忆起被称为“正义之战”的二战，而数量逐渐减少的二战幸存老兵也被称为“最伟大的一代”。

与以往相同，战争带来了社会、经济和文化后果。战争期间，大量美国人在军工厂内工作，加快了长久以来的城镇化进程。与1917—1918年间一样，成千上万的非裔美国人和妇女加入到劳工队伍中。战争动员也终止了大萧条，带来了战后经济的快速发展。至少对白人中产阶级而言，战争结束后，工厂转向生产民用产品，带来了消费商品的极大丰富。大规模军工企业职工住房项目为战后城郊住房开发提供了模版。《1944 年军人复员法》，又称《退伍军人权利法》，为复员军人提供教育经费支持，文理学院、大学和技术学校的入学人数因此而得以快速增长。战争舆论宣传也激发了一些丑恶的情绪。漫画书、报纸漫画和好莱坞电影中的反日宣传攻势中出现了大量恶毒的族裔偏见。1942 年，生活在美国西海岸的近 12 万日裔美国人被迫离开家园，被关进了偏远的集中营。这项措施得到了罗斯福政府和美国最高法院的支持和认同。

战时的技术创新对战后世界发展方向产生了深远影响。德国火箭技术的突破预示了冷战时期洲际弹道导弹技术的发展。事实上，前纳粹德国火箭项目的负责人之一、沃纳 · 冯 · 布劳恩（Wernher von Braun）在美国洲际导弹研发中起到了关键作用。战时计算机研究为战后计算机革命奠定了基础。原子弹开启了大规模杀伤性武器研发时期，由此带来的威胁至今仍困扰着整个世界。

战争还改变了世界权力格局，对美国的未来产生了重大意义。德国和日本战败，欧洲实力下降，苏联也损失惨重，而美国则未受多少物理损害，由此一跃成为世界超级强国，亨利 · 卢斯（Henry Luce）1941 年在《生活》杂志的社论中所说的“美国世纪”似乎已成现实。1945 年，来自 50 个国家的代表齐聚旧金山，宣布模仿国联而组建的联合国成立。与 1919 年的威尔逊总统一样，很多人热切期望通过联合国的协商机制和集体行动能够最终消灭战争。然而，就在联合国成立的同时，新的争端也在酝酿。亨利·卢斯自吹自擂的美国霸权也受到了挑战。美国的战时盟友苏联很快成为美国全球霸权的竞争对手。在二战的废墟上，新冲突诞生，世界即将进入冷战时代。

第八章

1945—1968：富足与社会动荡

二战结束早期，在冷战恐慌和核军备竞赛威胁的背景下，美国呈现出物质富足与社会动荡并存的奇怪景象。20世纪50年代的美国国内社会，表面上看似平淡无奇，实则出现了风声鹤唳的反共浪潮和严重的种族、性别和社会阶层不平等问题。到了20世纪60年代，社会活动浪潮再次高涨，推动了一系列改革法案的出现，民权运动和反越战抗议活动兴起。1968年社会动荡达到高潮，剧烈的政治返潮标志着美国社会生活和文化向保守转变。

冷战对抗

早在二战期间，因为斯大林敦促美英开辟第二战场，美国、英国和苏联这“三大国”的同盟关系就曾一度紧张。战争胜利后，同盟关系迅速解体。英帝国实力或许正逐渐衰落，而美国为了捍卫其全球战略和经济利益，与苏联之间出现了敌对状态。因为过于担心未来德国可能带来的威胁，斯大林在波兰和东德建立了亲苏政权。在西欧，意大利和法国的共产党也表现出巨大的影响力。1946 年 2 月，斯大林发表了一次不友好的谈话，公开抨击“西方帝国主义”。同年 3 月，在杜鲁门总统的故乡密苏里州，温斯顿·丘吉尔作出了回应，声称苏联已经在欧洲拉起了一道“铁幕”，必须予以还击。冷战爆发。

在联合国，苏联反对美国要求在国际上控制核能的计划，（合理地）指责美国这样是为了使美国的核优势常态化。二战期间，伊朗由同盟国共同控制，而战后，苏联直到 1946 年 5 月才迫于美国的压力从伊朗撤军。（美英公司随即就进口伊朗石油达成了协议。）在希腊，共产党领导的起义军与反革命君主发生了战争。1947 年 3 月，杜鲁门在国会发言中建议国会对希腊提供帮助。一名共和党参议员曾建议杜鲁门，要想在国会中获得两党的支持，就必须“把美国人吓得魂飞魄散”。杜鲁门在发言中采纳了这一建议，声称希腊内战及其领国土耳其的政治动荡是全球范围内自由与独裁斗争的组成部分，而这种斗争将决定世界的命运。同年6月，国务卿乔治·马歇尔（George Marshall）提出了支持欧洲复兴的大规模援助计划。在推动欧洲复苏的同时，马歇尔计划也起到了限制共产主义扩张的作用；为美国出口设备生产企业创造了数十亿美元的利润；促进了多边经济合作，为未来欧盟的建立奠定了基础。

1947年7月，美国外交官乔治·凯南（George Kennan）在《外交》季刊上发表了题为《苏联行为的根源》的文章，对“遏制战略”进行了概述，奠定了冷战早期的意识形态框架。（文章署名“X”，但是人们普遍认为凯南是真正作者。）

莫斯科政府不断在周边地区寻找突破点，因此，凯南提出西方国家必须采取警戒措施，将苏联的势力范围遏制在现有范围内。凯南的战略建议从本质上讲是防御和谨慎型的，但是美国其他行政官员和华盛顿的决策者却极大地扩展了凯南的观点。出于对共产主义威胁的日益加深的恐惧，他们敦促美国应大规模扩张军备，包括核武器。

1948年2月，克莱门特·哥特瓦尔德（Klement

Gottwald）领导的亲苏集团发动政变，在捷克斯洛伐克夺取了政权。同年 6 月，在美国政府准备承认西德政府的同时，苏联切断了通往位于东德腹地的柏林的陆上通道。美国政府为避免战争风险，并未企图突破封锁，而是组织了大规模的空运，保证柏林的物资供应。1949 年 5 月，苏联结束了封锁。在美国的支持下，德意志联邦共和国成立，并加入了美国领导下的军事联盟北大西洋公约组织。在东德，苏联政府支持建立了共产党领导下的德意志民主共和国。丘吉尔的铁幕注定要成为未来很长一段时间内的现实。1949 年，毛泽东领导的中国共产党击溃了美国支持的蒋介石政府，随后中苏建立同盟关系，这进一步加深了人们对共产主义将不可阻挡地在全球扩张的担忧。

1949 年 9 月，苏联成功试爆原子弹，杜鲁门总统随即授权研究杀伤力更大的氢弹。在全球热核战争的阴影之下，国家安全委员会在 1950 年制定了颇为悲观的《国家安全委员会第 68 号文件》，将冷战描绘成半宗教性质的斗争，指出美苏之间是生死之战，而苏联在“一种新的疯狂信仰的鼓动下”正致力于争夺“全球主导地位”。《国家安全委员会第 68 号文件》将复杂的国际局势简化为可能带来世界末日的对抗，认为外交手段无法解决问题，也无法找到缓和危机的方法，未来将“长期处于紧张局势和危险之中”。尽管美国人“实力占优却深陷危机”，只有大规模扩军可以保护美国人民。《国家安全委员会第 68 号文件》标志着冷战意识形态斗争升级，它将这场斗争描述为零和较量，一方获胜就意味着另一方失败。早前的伍德罗·威尔逊和更早期的新英格兰清教徒都提出过美国的世界责任，第 68 号文件则是这种世界责任的军事化版本。

与很多人预料的不同，真正的较量并没有发生在欧洲，而是在遥远的朝鲜半岛。1945 年，日本结束对朝鲜半岛的占领，苏联和美国以北纬 38 度线划分了各自的势力范围。1950 年 7 月 25 日，在莫斯科的授意下，朝鲜人民军跨过分界线，向南进发。趁着苏联当时正抵制参会，联合国安理会通过决议采取军事行动。同年 9 月，在司令道格拉斯·麦克阿瑟（Douglas MacArthur）将军的指挥下，联合国军在仁川进行两栖登陆，将南下的朝鲜人民军军队逐回 38 度线以北，并进一步向北推进。12 月时，麦克阿瑟的军队抵近中国边境，大量中国人民志愿军加入作战。麦克阿瑟意在推翻中国的共产党政府，在写给支持他的议员的信件中，麦克阿瑟还对杜鲁门的命令提出了批评。1951年4月，杜鲁门以不听从命令为由撤销了麦克阿瑟的指挥权，但麦克阿瑟回国时却得到了英雄般的欢迎。

停火协议随后开始，但是战斗却一直延续到1953年。由于处在二战和越南战争之间，朝鲜战争有时被称为“被遗忘的战争”，但是这场战争却导致36,516名美军士兵死于战斗和其他原因，联合国军中其他国家士兵伤亡也有3,000多人，而中国和朝鲜方面死伤的士兵和平民人数则更多。60年后的今天，朝鲜半岛仍然处于分裂状态。

二战英雄德怀特·艾森豪威尔赢得了1952年共和党总统候选人提名，并最终赢得大选。美国对冷战的投入加大。艾森豪威尔政府的国务卿约翰·福斯特·杜勒斯（John Foster Dulles）在亚洲和中东建立了反共军事同盟。（1947年建立的）中情局策划的政变推翻了伊朗（1953年）和危地马拉（1954年）的反美或左倾政权。美国舆论机构在铁幕另一侧煽动抵抗运动。然而，1956年，当苏联出动坦克镇压匈牙利起义时，美国却没有采取任何行动。美国的中东政策也存在目标不一致的情况。美国政府一方面抵制苏联在该地区的影响力，保护美国在波斯湾地区的石油资源；另一方面，却不顾巴勒斯坦和阿拉伯世界的反对，在1948年支持犹太人复国建立了以色列。

1953年，斯大林逝世，他的继任者尼基塔·赫鲁晓夫（Nikita Khrushchev）缓和了苏联政策，甚至批评了斯大林的独裁统治。然而，美苏之间的核军备和导弹竞赛仍在继续。1957年10月，苏联科学家发射了第一颗太空卫星"伴侣号"，这让美国紧张得立即采取措施加强数学和科学教学研究。

1958年，迫于美国和其他国家民众反核武器的压力，美国和苏联暂停了大气层核试验。1959年，冷战的局势继续缓和，时任美国副总统理查德·尼克松（Richard Nixon）访问苏联，赫鲁晓夫则到访美国。艾森豪威尔和赫鲁晓夫原计划在1960年的巴黎峰会上会面，但当时古巴危机阴云密布，随着苏联在国内击落一架美国间谍侦察机，会谈未能如期举行。

1960年总统选举中，理查德·尼克松惜败于充满魅力的马萨诸塞州民主党参议员、年轻的约翰·F. 肯尼迪（John F. Kennedy）。肯尼迪也成为美国历史上第一位信奉天主教的总统。对于美国这个一直以来存在反天主教传统的社会而言，这也是一个重大的里程碑。上任不久，肯尼迪就宣布成立和平队，招募美国青年到发展中国家从事两年的志愿工作，这一举措广受好评。然而，肯尼迪上任后，在国际关系上可谓出师不利。在1961年的维也纳峰会上，赫鲁晓夫认定肯尼迪软弱、缺乏经验，因而威胁再次对柏林进行封锁。在一次电视讲话中，一脸严肃的肯尼迪就可能出现的核战争发出警告，并宣布美国将加快民防建设。

与此同时，古巴成为冷战的新战场。菲德尔·卡斯特罗（Fidel Castro）领导起义军，在1959年推翻了亲美派铁腕富尔亨西奥·巴蒂斯塔（Fulgencio Batista）的政府，并很快建立了古巴与苏联的同盟关系。1961年，接受美国中情局特训的流亡者进军古巴，意在推翻卡斯特罗政府。这次行动最早由艾森豪威尔批准，并得到了肯尼迪的认可。然而，行动彻底失败。受此鼓励，苏联在古巴部署核导弹，目标直指美国东海岸。1962年10月，美国情报机构发现了这些导弹，肯尼迪要求苏联撤回导弹，并对前往古巴的苏联船只进行拦截。随后几天，核战争似乎一触即发，最后赫鲁晓夫作出了让步。美国承诺绝不入侵古巴（此外，肯尼迪总统的哥哥、司法部长罗伯特·肯尼迪 [Robert

Kennedy] 协商了一项秘密协议，美军撤回部署在土耳其的导弹），作为回报，赫鲁晓夫从古巴撤回导弹。在经历了这些磨难后，美苏双方决定采取外交措施。1963 年，随着美国国内反核武器运动的浪潮益发高涨，美苏签订了《部分禁止核试验条约》，永远禁止大气层核试验，并安排就限制军备举行进一步协商。

50 年代美国社会：富足与担忧并存

在 20 世纪 50 年代，慈爱的艾森豪威尔入主白宫，工厂生产出品种丰富的消费商品，国内一派欣欣向荣，一切都看似风平浪静。1950 年引入的信用卡更是推动了经济发展。一位经济学家声称，美国资本主义已经“将历史上其他所有经济体制远远抛在了身后。”在经历了 15 年的大萧条和二战之后，美国人在努力追求好的生活。对于很多人而言，好生活似乎是可以实现的目标。中产阶级和很多白人工薪阶层家庭搬到各地新建的城郊地区。战后生育高峰推动了经济的发展。人们对娱乐的需求提高。1955 年，加利福尼亚州的迪斯尼乐园向公众开放。（1956 年启动的）

州际高速公路系统使得度假旅游更为方便，连锁汽车旅馆和快餐店也起到了推波助澜的作用。《生活》杂志预见未来将是一片繁荣景象，因而在 1954 年声称 :“在未来的 10 年、25 年内，没有什么能够阻挡我们前进的脚步。”

尽管广播和大众杂志仍拥有大量听众和读者，但是，电视作为新兴媒体迅速席卷了全国 ; 截至 1960 年，超过 5,000 万美国家庭拥有了电视机。《我爱露西》等电视喜剧和《荒野大镖客》等西部剧集吸引了大量观众。电视广告业者兜售着汽车、冰箱、香波、剃须膏等各色产品。《老爸大过天》、《反斗小宝贝》等电视节目描绘了城郊社区的完美画卷 : 慈爱的爸爸、幸福的家庭主妇和妈妈，以及快乐的孩子。

新搬入城郊的人们需要结交朋友，建立社交关系，因此教会迅速发展。成千上万人开始拥护比利 · 格雷厄姆（Billy Graham）的复兴主义，另外一些人则在诺曼 · 文森特 · 皮尔（Norman Vincent Peale）充满正能量的作品中找到慰籍。国会通过决议在宣誓效忠美国的誓言中加入了“Under God”（“在上帝庇佑之下”），在美元货币上印上了“In God We Trust”（“我们信仰上帝”），这些不仅反映出美国人对宗教的虔诚，也凸显了美国与官方宣称无神论的苏联之间的区别。

然而，平静的外表之下，潜藏着重重问题。尽管社会富足，但仍有数百万人生活在贫困之中。白人与黑人之间巨大的收入差距凸显了种族歧视的丑恶现实。越来越多的拉丁美洲移民在社会边缘挣扎，包括流动农场工人和家政服务者。尽管电视节目不断颂扬居家生活的美好景象，但是 40% 的美国妇女都有工作，大部分是出于经济需要。

《飞车党》（1953 年）、《黑板丛林》（1955 年）和《无因的反叛》（1955 年）等电影描绘了摩托车党的劫掠、城市中心学校的动荡和中产阶级青年的反叛。在文学作品方面，艾伦 · 金斯伯格（Allen Ginsberg）的《嚎叫》（1955 年）、杰克 · 凯鲁亚克（Jack Kerouac）的《在路上》（1957 年）和其他所谓“垮掉的一代”的作品刻画了在因循守旧、充满忧患的社会里被异化的孤独者们，读来令人心绪不宁。在流行音乐方面，宾 · 克罗斯比（Bing Crosby）、佩里 · 科莫（Perry Como）等吟唱歌手被摇滚歌手取代。后者的代表是猫王埃尔维斯 · 普雷斯利（Elvis Presley），他的歌曲未经雕琢、性感迷人。猫王结合了白人赞美诗和黑人布鲁斯音乐的传统，在50年代中期一炮而红。所有这些文化趋势都反映了20世纪50年代美国社会的不安和压力，并很快产生政治影响，引发了民众运动。

在政治方面，杜鲁门尽管在新政时期居于下风，却在1948年总统选举中击败了共和党候选人托马斯·杜威（Thomas Dewey）。但是，1947年通过的反劳工法案《塔夫脱－哈特利法》也反映出保守主义的回潮。杜鲁门提出了包括国家卫生保健立法在内的一系列改革议案，但是收效甚微。德怀特·艾森豪威尔赢得1952年总统大选，在国会的共和党议员和保守民主党议员的支持下，开始了为期八年的“温和共和党”政府。这意味着艾森豪威尔政府接受新政的基本改革，同时也抑制其“激进”措施。

冷战的阴影让人们想起了一战期间的“红色恐怖”。早在1947年，杜鲁门总统就启动了一项规定，要求所有联邦雇员宣誓效忠。真实发生的间谍案件更是加重了怀疑的氛围。1948年，原共产党人惠特克·钱伯斯（Whittaker Chambers）指控国务院外交官阿尔杰·希斯（Alger Hiss）是苏联间谍，从30年代以来一直为苏联服务。经国会非美活动委员会调查后，希斯被判作伪证罪名成立并被关进监狱。1950年，英国当局逮捕了曾为曼哈顿计划一名科学家的克劳斯·富克斯（Klaus Fuchs），判定其是苏联间谍。在案件调查过程中，朱利叶斯（Julius）和埃塞尔·罗森堡（Ethel Rosenberg）这对美国夫妻也被卷入进来。在法庭审判后，罗森堡夫妇被判有罪，并在1953年被施以电刑处死。1954年，原子能委员会以J.罗伯特·奥本海默（J. Robert Oppenheimer）在20世纪30年代与左派人物有牵连为由，撤销了他的安全特权。《我嫁了个共产党员》（1950年）和描述吃人外星生物乔装打扮成普通人的《天外魔花》（1956年）之类的好莱坞电影更是对这股浪潮起了煽风点火的作用。国会听证会还声称共产党已经渗透到好莱坞、电台和百老汇，一些演员和艺术家也上了黑名单。

1950年在西弗吉尼亚，来自威斯康星州的参议员约瑟夫·麦卡锡（Joseph McCarthy）声称自己掌握了国务院内数百名共产党人的名单。最初，共和党知名人士支持麦卡锡，但是随着麦卡锡提出的指控越来越离谱（甚至指向了艾森豪威尔总统），他们随即改变了态度。终结发生在1954年：阿瑟·米勒（Arthur Miller）的喜剧《萨勒姆的女巫》

表面上讲的是女巫，实际上对红色恐怖提出了批评；电视对国会有关美国军队中的颠覆破坏分子的听证会进行了转播，让人们见识了麦卡锡欺凌弱者的伎俩；哥伦比亚广播公司电视台播出了记者爱德华·R. 默罗（Edward R. Murrow）拍摄的纪录片，片中将麦卡锡刻画成一个民主威胁者。至此，麦卡锡也走到了政治生涯的尽头。12 月参议院通过决议谴责麦卡锡，导致了他的下台，但是“麦卡锡主义”却成为 50 年代反共浪潮的代名词而保留下来。

20 世纪 50 年代晚期，美国和苏联的氢弹试验导致辐射物质扩散，国防影片教导孩子们要“躲避和遮蔽”，核恐惧有所加深。激进主义兴起，美国抗议者发动了一场呼吁禁止核试验的运动，作家、艺术家和电影工作者也在作品里就这一问题进行讨论。电影《X 放射线》（1954 年）讲述从新墨西哥州的核试验场爬出巨型蚂蚁，这引发了变种电影热潮，凸显了美国人广泛的恐惧心理。斯坦利·库布里克（Stanley Kubrick）导演的《奇爱博士》（1963 年）是一部描述核末日的黑色喜剧片。

20 世纪 50 年代，人们对南方根深蒂固的种族隔离制度进行了猛烈批判，成为真正的历史转折点。多年以来，在全国有色人种协进会的资助下，通过法律手段逐步清除了 1896 年最高法院支持种族隔离的丑恶决议。1948 年，杜鲁门总统以行政命令的方式终止了军队中的种族隔离。美国存在着各式各样的种族主义问题，在美国为了冷战目的结交朋友、建立同盟的过程中，这些种族问题成了美国的软肋。在这种背景下，美国最高法院在裁决 1954 年“布朗诉教育委员会”案件时，投票一致裁定在公立学校实行种族隔离的行为违宪。

“布朗”案件的裁决释放了积压已久的抗议能量，最终改变了美国。罗莎·帕克斯（Rosa Parks）是亚拉巴马州蒙哥马利市全国有色人种协进会的官员，1955 年，她拒绝按照公共汽车司机的要求坐到汽车的后部区域。在帕克斯的鼓舞下，美国黑人发起了对蒙哥马利市公共汽车的抵制运动。1956 年 11 月，联邦法官裁定亚拉巴马州所有种族隔离法律违宪，标志着这场抵制运动的胜利。组织者聘用了年轻的浸信会牧师小马丁·路德·金（Martin Luther King Jr.）领导这场抵制运动，后者很快成长为全国黑人自由运动的领导者，并成为公认的美国英雄人物，后来甚至有了纪念他的国定节日。

南方白人种族主义者进行了反击。1957 年，阿肯色州的州长动用国民警卫队阻止小石城中心中学取消种族隔离，艾森豪威尔总统（尽管私下里对“布朗案”颇有微词）下令派遣美国军队来强制执行取消隔离的法律。在各种事件的推动下，国会通过了《1957 年民权法案》，这是重建时期以来第一部针对种族歧视的联邦法律。在时任参议院多数派领袖、得克萨斯州民主党议员林登·约翰逊（Lyndon Johnson）的支持下，该法案在参议院通过，艾森豪威尔总统签署生效。该法案旨在取消限制南方黑人进行投票的各种不正当规定。尽管仍有众多问题亟待解决，这项里程碑式的法案仍预示着未来将取得更多新的胜利。

1960—1968 年：林登·约翰逊的“伟大社会”和黑人自由斗争

在美国国内，总统肯尼迪的生命不幸过早终止，这导致肯尼迪政府虽采取了一些有想法的措施，但是几乎没有成效。1963 年 11 月 22 日，在访问达拉斯期间，肯尼迪乘坐敞篷车随车队经过热情的人群时，被李·哈维·奥斯瓦尔德（Lee Harvey Oswald）开枪刺杀。看着肯尼迪的遗体（搭乘着曾经承载过林肯遗体的马车）从白宫运往国会山举行纪念仪式，随后安葬在阿林顿国家公墓，美国人都陷入了悲伤之中。

林登·约翰逊宣誓就职，并号召美国人民共同完成肯尼迪未完成的事业。作为一位极具经验的政治家，约翰逊的确成功推行了一些令人印象深刻的改革，比如“向贫困宣战”。迈克尔·哈灵顿（Michael Harrington）的《另一个美国》（1962 年）凸显了美国的贫困问题。《1964 年经济机会法》规定了职业培训基金、儿童早期教育、类似和平队的国内志愿组织和当地社区组织领导下的扶贫政策等内容。贫困率迅速下降，在黑人社区尤为明显。然而，保守派却将这项计划称为政府过度干预的典型案例。

在 1964 年 5 月，约翰逊在一次毕业典礼讲话中提出实现国家复兴，号召美国人民共同建设一个“伟大社会”。国会通过了约翰逊提出的有关公共设施、农村卫生中心、城市公交、公共教育基金等的改革计划。1965 年的一项移民法案终结了歧视性移民配额制度。国家老年保健医疗计划和医疗补助计划为美国老人和穷人提供了医疗保障服务，成为里程碑式的医疗改革成果。

在1962年出版的《寂静的春天》一书中，蕾切尔·卡森（Rachel Carson）提醒人们警惕杀虫剂可能带来的威胁，激发了人们的环境意识。在约翰逊的推动下，国会针对自然保护、空气和水源污染、高速公路绿化等问题通过了近300项立法。1970年，数百万美国人共同庆祝了第一个地球日，表达他们保护环境的决心。

这一时期，民权运动进入了更加激进的阶段。1960年，北卡罗来纳州格林斯伯勒的四个黑人大学生在当地的伍尔沃思餐厅参加一场午餐静坐，抗议餐厅拒绝为黑人提供服务。为了抗议南方公交车站实施种族隔离，一些既有黑人也有白人的活动家组织"自由乘车运动"时，遭到了暴力袭击。（一名黑人"自由乘车人"约翰·路易斯[John Lewis]在1961年遭到了暴力袭击，后于1986年当选议员。）报纸、杂志，尤其是电视披露了这些暴力袭击。在不断积累的压力面前，肯尼迪总统创建了就业机会均等委员会以解决就业中的歧视问题，派遣联邦军官前往亚拉巴马州蒙哥马利市保护自由乘车者，进入密西西比大学，处理因一名黑人想要注册而引发的骚乱事件——这一事件造成了人员伤亡。

激进派代表人物是马尔科姆·埃克斯（Malcolm X），他原名马尔科姆·利特尔（Malcolm Little），在入狱期间加入了伊斯兰民族组织，这是一个美国黑人的伊斯兰运动组织。1965年，马尔科姆放弃了激进的分离主义，转向更具包容性的人类手足观点，并对伊斯兰民族组织领导集团发起了质疑，因而被运动内部的对手暗杀。在激进派的压力下，马丁·路德·金领导的南方基督教领袖会议（SCLC）决定以亚拉巴马州的伯明翰为重点，开始1963年的民权抗议。蒙哥马利警察动用了警犬和消防水枪对付游行中的黑人学生，并逮捕了金和其他领袖人物。美国人在电视里看到了这一切。受困于负面报道，蒙哥马利市的白人精英最终同意终止种族隔离。

同年8月，来自各个种族的人们聚集在华盛顿的林肯纪念堂，庆祝自由斗争。马丁·路德·金发表了著名的演说，并引用了一段美国黑人圣歌："终于自由了！终于自由了！感谢全能的上帝，我们终于自由了！"然而，更多暴力事件层出不穷，比如：一位密西西比州全国有色人种协进会官员被杀；伯明翰一座黑人教堂被炸并导致四名女孩死亡。

尽管如此，变革的动力仍在继续。1964 年 7 月，国会通过了一项里程碑式的《民权法案》，加强了政府干预投票歧视和学校种族隔离的权力，禁止在工作场所以及剧院、餐厅、汽车旅馆等公共场所实行种族隔离。1965 年 3 月，在亚拉巴马州塞尔马市组织了一场游行，越来越激进的南方基督教领袖会和年轻的激进分子与塞尔马偏执的治安官发生了冲突，后者的手下向游行人群投放烟雾弹，并殴打游行者。所有这些也通过电视引起了美国人的关注。抗议者涌入塞尔马，完成了计划中前往亚拉巴马州首府蒙哥马利市的游行。很快，《1965 年选举权法》得以通过，进一步增强了政府干预黑人投票歧视的权力。1964—1965 年这些成绩标志着美国长久以来反种族主义斗争的重大胜利。

深陷越战泥沼：国内动乱

当冷战在欧洲得到缓和、核威胁不再紧张时，美国政府将注意力转移到了越南。越南曾是法国殖民地，由共产党领导的北方政府与西方支持的南方政府之间爆发了战

图 11　1963 年 8 月 28 日的华盛顿大游行吸引了 25 万人来到国家广场。在这次民权运动盛会中，参与者们在林肯纪念堂前聆听了马丁·路德·金那场难忘的演讲《我有一个梦想》。

争。与 1947 年希腊局势相同，在很多冷战意识形态至上者看来，越南战争不过是共产主义与“自由世界”进行全球争霸的又一战线。自从 1954 年法国撤离越南以来，艾森豪威尔政府就开始向南越派遣军事顾问；到 1963 年，在南越的美国军事顾问达到 1.6 万人左右。1963 年 11 月初，在美国的支持下，青年军官发动政变，推翻并处死了南越专制统治者吴廷琰（Ngo Dinh Diem）。越南是个佛教国家，而吴廷琰信仰的却是天主教。

在上任伊始，约翰逊总统采取措施避免全面参战。事实上，在 1964 年总统选举期间，约翰逊扮演了争取和平的总统候选人角色，而他的竞争对手，亚利桑那州参议员、共和党候选人巴里·戈德华特（Barry Goldwater）却称美国将在越南全面参战，甚至提及使用核武器，让选民们极为紧张。然而，到了 1964 年 8 月，约翰逊却利用在越南东京湾停泊的美国军舰遭袭这一存有争议的事件，推动国会通过决议，批准总统采取“一切必要措施”参与战争。约翰逊还得意洋洋地说，《东京湾决议》“就像老奶奶的睡袍，遮掩了一切。”

1965 年初，在以压倒性优势赢得总统选举后，约翰逊全面升级了美国的参战规模。国防部长罗伯特·麦克纳马拉（Robert McNamara）、国务卿迪恩·腊斯克（Dean Rusk）和其他高级顾问都表示支持。他们一致认为，参加越战彰显了美国在亚洲、拉美和非洲反抗共产主义的决心，而这些地区已经成为冷战的新战场。他们采纳了最先由艾森豪威尔总统提出的“多米诺骨牌理论”，即：一旦越南落入共产主义手中，周边国家也将陆续沦陷。

约翰逊一次又一次满足了威廉·威斯特摩兰（William Westmoreland）将军的增兵要求，到1967年，在越南的美国军队总人数达到了48.5万。美国轰炸机对越南进行了狂轰滥炸。在“搜索并摧毁”方针的指导下，美国军队搜寻善于隐藏的敌人、烧毁被认定敌对的村庄、摧毁丛林以暴露敌军的藏身之所。然而，北越和他们在南越的盟友越南共产党仍在继续斗争，在南越建立稳定的反共政府的目标却一直未能实现。军队士气受挫，吸毒现象增加，并出现了残忍的暴行事件。1968年3月16日，一个美国野战排在美莱村屠杀了男女老少共计400多人。事件发生后，军队一度隐瞒了事实，但是记者在1969年对事件进行了报道。结果，仅有一名低级军官被判有罪，被罚在家中软禁三年半。

随着战争的进行，国内抗议运动爆发，大学校园的抗议活动尤为激烈。1962 年成立的改革组织“民主社会学生会”在反战运动初期起到了重要作用。鲍勃·迪伦（Bob Dylan）、琼·贝兹（Joan Baez）等流行歌手都出来支持反战事业。1967 年，数十万抗议者在纽约和旧金山举行抗议游行。因为广受质疑，国防部长麦克纳马拉在同年 11 月宣布辞职。

1965 至 1967 年间，在洛杉矶、纽瓦克、底特律和其他城市的黑人居住区，暴动和纵火事件频发，国内危机进一步升级。简单的交通肇事逮捕案件就能引发这些暴力事件，这反映了人们对贫困、失业、低质学校、非人道住房项目等社会问题的深刻不满。在“黑人权力”赞歌的感召下，一些年轻的激进分子试图将黑人贫民区沸腾的动荡局面政治化。

1968 年，局势达到关键时刻。1 月 31 日是越南新年，越共在南越发起了一场大规模攻势，展现了其在南越的实力，进一步削弱了美国对越战的支持。3 月，在新罕布什尔州民主党初选中，反战候选人、明尼苏达州参议员尤金·麦卡锡（Eugene McCarthy）击败了约翰逊。随后，时任纽约州参议员罗伯特·肯尼迪参加竞选。3月31日，约翰逊宣布退出总统竞选。

4月4日，在田纳西州孟菲斯市支持环卫工人罢工时，马丁·路德·金遭到暗杀。当时，马丁·路德·金已经将注意力转移到阶级公平、北方体制性种族主义和越南战争上。全国陷入哀悼之中，在一些城市发生了黑人暴动事件，并造成43人死亡。6月5日，在刚刚赢得加利福尼亚州初选后，罗伯特·肯尼迪在洛杉矶遇刺身亡。8月，在芝加哥民主党大会上，士气低落的民主党人提名约翰逊的副总统、休伯特·汉弗莱（Hubert Humphrey）为总统候选人。在会场外，警察暴力镇压了反战抗议人群。政治和种族动乱也带来了文化冲突。很多年轻人排斥老一辈的生活方式，他们听摇滚乐、吸食大麻、留长头发、服用迷幻剂、崇尚性自由。1964年，甲壳虫乐队从英国来到美国，受到了热烈追捧。媒体进一步放大了无组织的“反文化运动”的蔓延形势，更是加深了保守派认为社会正在分崩离析的担忧。

理查德·尼克松则迎合南方白人和美国的“沉默的大

多数”的胃口，宣称定将实现美国有尊严地从越南撤军的目标，因而赢得了共和党提名。在越来越多的人反感校园抗议、城镇暴动和反文化运动的社会大背景下，汉弗莱也被认为与“约翰逊的战争”有牵连，结果尼克松以微弱优势战胜汉弗莱。来自亚拉巴马州的第三党候选人乔治·华莱士（George Wallace）提出了迎合南方白人和蓝领工人的政纲，也赢得了13%的选票。尼克松和华莱士在本是民主党大本营的南方各州赢得了胜利，在全国获得了56%的选票。这是美国政治的一场革命，也代表了人们对约翰逊1964年大胜当选总统以来发生的各种事件的强烈不满。

尽管充满了动荡和暴力，20世纪60年代也出现了自新政以来最伟大的进步主义改革浪潮，给了根深蒂固的种族主义一记重击。然而，未来的岁月将更加动荡不安，美国公众生活也将在未来继续转向保守主义。

第九章

当代美国

与小说家不同，历史学家无法为故事选择幸福的结尾。美国 1965 到 1970 年间的政治动乱、城镇暴力和刺杀行动开启了一个动乱的年代，美国就在这种氛围下进入了独立后的第三个世纪。在随后几十年中，美国经历了一次总统辞职、一次总统弹劾、一次恐怖袭击，以及多个引发争议的国外战争，而高潮在于恶毒的政治争端与经济衰退的交替循环。与所有这一切相伴随的是让人无所适从的社会变更、对恐怖主义的持续恐惧、对国家经济前景的长期担心，以及对人为因素造成的全球气候变化的忧虑。尽管在这个阶段也有一些里程碑式的时间点，比如冷战结束、美国历史上第一位黑人总统当选，但这个时期远远不是美国的黄金时期。美国能否动员足够的政治意愿来应对这些挑战、能否解决国家应该担任何种角色这一引起分歧的问题、能否实现个人自由与公共利益的平衡，所有这些问题都充满了不确定性。尽管过去曾出现了一些黑暗的篇章，尽管未来充满了挑战，但是，美国的历史也让人们有理由对美国的未来充满信心。

变迁中的社会

20 世纪后半叶，欧洲移民人数不断下降，来自亚洲和拉丁美洲的移民则大量涌入，印度、中国、菲律宾和韩国成为美国移民的重要输出国。根据人口统计学家预测，到 2040 年左右，一直以来占美国人口绝大多数的非拉美裔白人在美国总人口中所占比例将小于 50%。早在 2003 年，拉美裔，包括合法与非法移民，就已经超过非裔美国人，成为美国人口最多的少数族裔。尽管从定义上讲，拉美裔是指母语为西班牙语的人，但它事实上包括很多民族。拉美裔移民主要来自墨西哥，同时也有来自古巴、波多黎各（事实上是美国领地），以及来自拉丁美洲和加勒比地区的其他族裔。拉美裔移民从事着各行各业的工作，主要包括农业、建筑业和公共服务业。尽管那些非法移民对美国经济作出了重大贡献，但是他们面对的却是惩罚性法规和意图将他们驱逐出境的周期性运动。

农业就业人口下降的趋势仍在继续，巨型农业综合企业取代了家庭农场。制造业也在走下坡路，而其他行业却呈现欣欣向荣之景：销售、金融、公共服务、白领工作和信息技术企业。加利福尼亚的硅谷和其他技术工人和顶级教育机构聚集的地区成为信息技术企业的天堂。就业中的性别歧视问题有所改善，妇女在美国劳动力中所占比例从 1970 年的 43% 上升到 2010 年的 60%。

随着制造业的衰退，缺乏专业技术的工人只能选择缺乏保障和福利的低收入工作。中产阶级收入也处于停滞状态。最富有人群与其他美国人之间的差距达到几十年以来的最大程度。尽管有不少黑人和拉美裔挤入了中产阶级行列或者成为职业人士，更多的人停滞不前，受困于失业和其他各种社会问题之中。美国监狱里，青年黑人男子的数量激增，其中大多数人的罪名都与毒品有关。

和世界其他地方一样，在美国，新电子技术带来了通讯、营销和娱乐方面的变革。电子游戏和社交媒体广受欢迎。人们越来越多地通过网络获取信息、娱乐和购买商品，出版商、书店、报纸、杂志和唱片公司受到冲击。沃尔玛等大型零售中心在各地发展起来，残酷的杀价竞争造成了大量街边小店的倒闭，进一步改变了美国的经济布局。

在原油价格飞涨、环境问题日益严重的大背景下，也有一些人在关注资源保护、公共交通、燃料效率和可再生能源等问题。在美国国内制造业衰退的同时，高燃油效率汽车、机械装置、电子设备和其他消费商品的进口大幅增长，造成美国贸易逆差不断提高。美国经济越来越依赖全球市场，也越来越多地受到国外经济危机的拖累，周期性经济衰退和贫富差距扩大同样困扰着美国。因此，美国经济远景充满了不确定性。在这些令人担忧的趋势面前，政治体系的应对措施也缺乏连贯性，时常受到其他各种危机的干扰，有时甚至到了停摆的边缘。

1969—1980 年：抗议、外交举动与新的改革之路

1968 年，共和党人理查德·尼克松当选美国总统，并在当选之际即承诺要结束越南战争。但是，和平谈判在巴

黎开始的同时，在尼克松和国家安全顾问（后担任国务卿）亨利·基辛格（Henry Kissinger）的授意下，美国军事援助仍不断涌入南越，轰炸也更加密集，目标甚至包括越南共产党在邻国柬埔寨境内的重要据点。

反战抗议仍在继续，1969 年和 1970 年，华盛顿爆发了大规模游行。从美国各地的大学校园，到旧金山的海特－阿什伯里地区，反战热情形成了特殊的文化形式：吸食大麻和迷幻药、沉迷于甲壳虫乐队和鲍勃·迪伦等人的音乐。反文化运动在 1969 年 8 月达到一个高潮，数千名反文化青年汇集于纽约的伍德斯托克，参加为期三天的以宣扬和平与爱为主题的摇滚音乐节。一些抗议者采用了暴力行为。1970 年 8 月，四名激进分子在威斯康星大学校园内引爆了炸弹，炸毁了一座学校大楼和该大楼内由军方资助的一个研究中心，炸死了一名在楼内的研究生。

在 1968 年总统选举的第三政党候选人、亚拉巴马州州长乔治·华莱士以及尼克松本人等的煽动下，反战抗议也遭到了各方的激烈反对。昵称为“安全帽”的蓝领工人组织了亲尼克松的集会，袭击反战抗议者。1970 年 5 月 4 日，俄亥俄州共和党州长出动国民警卫队，向肯特州立大学校园内的抗议者开火，导致4人死亡、9人受伤。不久之后，在密西西比州杰克逊州立大学，警察开枪打死两名学生。

1971年，《纽约时报》披露了“五角大楼文件”，这份五角大楼秘密文件分析了导致美国深陷越南战争的错误假定。1970年以后，反战运动逐渐消退。尼克松政府逐渐从越南撤离了美国士兵，转而依靠轰炸和南越军队，美国战争伤亡得以下降。1972年征兵结束，抗议活动进一步减少。随着反文化运动的衰退，很多年轻人回到自己居住的农村地区，一些人转向信仰东方哲学思想，另一些人加入了“耶稣子民运动”，将福音派信仰与（除去毒品的）反文化生活方式结合起来。

20世纪60年代的社会改良激情寻找到了新的出口。在全国妇女组织（1966年）和格洛丽亚·斯泰纳姆（Gloria Steinem）创立的《女士》杂志（1971年）的推动下，女权运动再次兴起，中产阶级女性加入了反对性别不平等和美国文化中根深蒂固的男权至上思想的运动中，其中很多女性还曾参加过民权运动和反战运动。1972年一项联邦法律的第九条规定在教育和体育领域取缔了性别歧视。

（八年前，一个反对《1964 年民权法案》的南方白人议员恶作剧地提出了针对该法案的一项修正案，将“性别”也列为反歧视的类别之一。）1969 年 6 月，警察对曼哈顿的一家同性恋酒吧进行了搜捕，因而引发了抗议活动，这标志着同性恋维权活动的开始，并产生了深远的影响。此外，受到蕾切尔·卡尔森的作品《寂静的春天》的影响，人们开始行动起来反对环境污染。1970 年 4 月 22 日，美国各地的环境保护积极分子庆祝了第一个地球日。是年 12 月，在尼克松的支持下，国会通过决议，成立了联邦环境保护局。

尽管国内风云四起，尼克松和基辛格重点关注的仍是外交问题。虽然基辛格促成以色列和巴勒斯坦实现和平的努力失败了，但是他对（被尼克松长期视为美国死对头的）中国的秘密出访却取得了成效。1972 年，尼克松和基辛格与中国领导人毛泽东举行了会谈，奠定了美国承认中国的基石。作为均势外交大师，基辛格还致力于改善美苏关系。在拉丁美洲，尼克松政府支持亲美政府，并采取各种措施颠覆那些不亲美的政府。1973 年，在美国的支持下，智利爆发政变，推翻了民选左翼领袖萨尔瓦多·阿连德（Salvador Allende）政府，阿连德自杀。一个残暴的军事集团上台，一直掌权到 1988 年。

1972 年总统选举年，民主党的青年活动派与由劳工领袖和大城市政客组成的老派民主党骨干产生了分歧。青年活动派在民主党大会占了优势，提名南达科他州州长、反战领袖人物乔治·麦戈文（George McGovern）为民主党候选人。结果，尼克松以压倒性优势赢得连任。尼克松提出“南方战略”，赢得了很多对黑人民权运动成果不满的民主党南方白人的选票，以及因为民主党左倾而被孤立的蓝领工人选票。

然而，尼克松很快就陷入了他自己造成的危机之中，他偏执、刁滑的性格被带到了白宫（尼克松也因此被戏称为“狡猾的迪克”）。因为对“五角大楼文件”披露事件的不满，尼克松授意被称为“水管工”的秘密小组调查文件泄漏事件。1972 年 6 月，秘密小组溜进民主党国家委员会位于华盛顿的总部安装窃听装置，结果被保安发现，窃听者被捕。尼克松否认事件与他有关。

这一事件刚开始并没有引起公众关注，但是《华盛顿邮报》的两名记者对事件进行了追踪，找到了白宫参与并掩盖该事件的确切证据。国会专门委员会对事件进行了调查，并很快发现了白宫椭圆办公室内的秘密录音系统。录音纪录证实尼克松曾参与掩盖事件真相。在总统弹劾案的压力之下，尼克松于1973年8月8日宣布辞职，成为美国历史上首位辞职的总统。尽管有着出众的智慧、战略眼光和灵敏的政治直觉，尼克松却最终败给了自己人格上的缺陷。副总统杰拉尔德·福特（Gerald Ford）继任总统，并宣称“我们长久以来的国家噩梦已经结束。”由于原副总统斯皮罗·阿格纽（Spiro Agnew）因为被控受贿和逃税而辞职，福特在1973年刚被任命为副总统。作为一名虽不十分出众但受人爱戴的来自密歇根的议员，福特在上任之初就赦免了尼克松在任期内的所有罪名，使得尼克松免于受到起诉，可以说福特因为此事而浪费了初始对他有利的公众舆论。

1975年春天，越南共产党军队向西贡发起进攻，最后的美军撤离。这场不得人心的战争最终结束，为此美国有5.8万士兵付出了生命代价，伤亡人数也是成千上万，而越南的死伤人数更是触目惊心。一些人认为，如果没有国内的反对，美国本可以取得战争胜利；一些人则指出，美国在越南的败退标志着美国狂妄野心的失败，也彰显了因为意识形态斗争而忽略复杂地缘政治现实的危险性。

与此同时，为了抗议美国在 1973 年战争中支持以色列，阿拉伯世界中止了对美国的原油出口，引发了一场新的危机。汽油价格飙升，民众普遍对政府感到失望。由于通货膨胀和失业增加，美国消费者更青睐燃油性能更佳的日本进口车，国产汽车的销售量因而大幅减少。与此同时，美国人们仍未忘记尼克松的不诚信行为，因此，远离政治中心华盛顿的前佐治亚州州长吉米 · 卡特（Jimmy Carter）宣称永远不会向美国人民撒谎，赢得了民主党候选人席位，进而成功赢得 1976 年总统选举。当时福音派新教正在兴起，身为南方浸礼会教徒的卡特称自己是“获得重生的基督徒”。

1978 年，卡特在外交上露了一手，促成了埃及 - 以色列和平条约的签订。但是，卡特在国内政策的表现上却乏善可陈。卡特是一个热衷于分析的技术官僚，缺乏政治技巧。随着通货膨胀和石油短缺形势持续恶化，卡特的支持率迅速下降。他无视内阁的意见，一意孤行地号召美国人民采取措施节约能源。尽管卡特的想法是好的，却无法获得广泛支持。

在此期间，在伊朗，伊斯兰原教旨主义势力推翻了亲美的国王，建立了伊斯兰政权。1979 年，卡特批准原伊朗国王前往美国接受癌症治疗，伊朗抗议者攻占了位于德黑兰的美国大使馆，扣留了 66 名人质。这场危机困扰了卡特任期的所有剩余时间。计划不周的营救行动导致 8 名美国人质死亡。直到卡特离任，伊朗才释放了人质。

里根革命：保守主义的复兴

罗纳德·里根（Ronald Reagan）来自好莱坞，在好莱坞学习到的戏剧技巧对他的政治生涯颇有助益。尽管在"新政"时期是民主党人，里根在 20 世纪 50 年代在政治上向右转，并出任通用电气发言人。1966 年，里根当选加利福尼亚州州长，因为批评校园抗议者而在全国范围内得到关注。"道德多数派"是电视布道者杰里·福尔韦尔（Jerry Falwell）创立的亲共和党的宗教保守派组织。在这个组织的协助下，里根被提名为 1980 年总统选举的共和党候选人。里根在选举中大胜，究其原因有以下几个方面：里根本人的乐观态度和电视荧幕魅力；卡特不得人心；民众对20世纪60年代激进主义的抵触情绪；宗教保守派的大力支持。

一直以来，尽管福音派新信徒在反堕胎和其他战前改革问题上比较积极，但其后在政治上却并不活跃，而是将注意力集中于教会和传教活动上。然而，20世纪70年代出现了一系列社会问题，包括堕胎、联邦政府禁止在学校进行祷告、同性恋权利运动和媒体在性问题上的宽容。这些问题促使很多福音派信徒（和保守的罗马天主教徒）相信，美国正走在一条错误的路线上。福尔韦尔的“道德多数派”和其他组织将这些担忧政治化了，并指责民主党的错误政策导致了美国道德问题。在1980年的总统选举中，大量福音派信徒将选票投给了里根。然而，具有讽刺意味的是，里根基本上无视宗教保守派的文化诉求，反而将重点放在保守的经济政策上。在国内，里根倡导减税、放松对商业的管制、在环境保护法案方面开倒车、允许私人开发公用土地、压缩工会权力。当联邦航空管制员举行罢工时，里根直接开除了所有罢工的管制员。1981年，国会通过一项重大的减税法案，并大幅缩减了国内开支。里根声称这样做能够刺激经济、增加收入。事实上，这样做的结果是经济衰退，赤字激增。此后，随着经济的改善，里根下降的支持率又有所回升。

里根信奉个人主义，反对大政府，支持自由市场，从而吸引了一大批人。里根还是一个有天赋的沟通者，能够用爱国主义、怀旧之情和光明未来的愿景包装自己的观点。尽管里根拥有众多热情的支持者，（尽管后世有人说里根得到所有人的爱戴）里根政府的国内政策却引发了深刻的争议。

里根大幅增加军事开支，称苏联是“邪恶帝国”，进而使得冷战敌对状态进一步升级；原本就因为苏联 1979 年出兵阿富汗而变得紧张的美苏关系进一步恶化。在这一背景下，美苏进行裁军谈判时，社会活动家发起了所谓的“核武器冻结运动”，希望促使两个超级大国中止各自的核武器计划。一边是抗议者的集会，一边是电影和电视节目就核战争危险不断提出警告。针对这场运动，里根在 1983 年提出“战略防御计划（SDI）”，以建立足以抵抗导弹袭击的防御体系。一些专家人士认为这一计划并不现实。媒体借用当时一部大热的科幻电影名称将这一计划称为“星球大战计划”。尽管如此,国会仍然拨款支持了“战略防御计划”,核武器冻结运动也日渐式微。

1984年,随着经济的改善,里根赢得连任。里根政府继续坚持反共政策,资助被称为“勘查斯”的尼加拉瓜反抗军与尼加拉瓜左翼政府作战。美国政府还向伊朗境内反抗反美政府的隐秘组织出售军火。尽管国会明令禁止向“勘查斯”提供资助,国家安全委员会的一个官员仍秘密挪用了伊朗军火销售获得的资金,用于资助“勘查斯”。国会对这一事件进行了调查,里根的办公厅主任辞职,里根也免于陷入遭受弹劾的境地。

在此期间,在来自国内外的巨大压力下,苏联主席米哈伊尔·戈尔巴乔夫(Mikhail Gorbachev)领导的政府在国内外压力下开始了一系列自由化改革,冷战的紧张局势得到大幅缓解。局势很快失控,东欧各国脱离了苏联的控制,苏联共产党的权力也被削弱。随着政治气候的变化,里根与戈尔巴乔夫在冰岛召开的一次会议上就核裁军进行了商谈。双方在1987年就美苏从欧洲撤回核武器签订了条约。在任期接近尾声之时,曾经的冷战斗士里根在莫斯科与戈尔巴乔夫举行了友好的会谈。

1988 年，里根政府的副总统乔治·H. W. 布什（George H. W. Bush）在总统选举中获胜。布什出生在新英格兰地区的权贵家庭，后在得克萨斯州成为石油实业家，随后从政，在共和党政府中出任要职。布什在外交政策上比较有决断，在内政上却不甚成功。1989 年柏林墙的倒塌标志着苏联对东欧控制的终结，布什政府采取措施，成功地避免了苏联的核武器落入危险分子手中。1991 年美俄签订条约缩减双方的核武器库。

冷战以令人意外的速度迅速终结。里根的支持者认为这应该归功于里根政府的强硬立场；其他人则认为应该归因于苏联的内部局势变化。但是，1990 年又出现了新的危机，伊拉克独裁者萨达姆 · 侯赛因（Saddam Hussein）入侵石油资源丰富的科威特。布什政府召集的国际同盟成功地击退了侵略者。尽管面临重重压力，布什决定不进军伊拉克、推翻萨达姆政权，因为他认为那样做风险太大。布什夸口称："我们赢得了胜利。再没有敌人可以威胁我们的安全。"然而，在科威特战事之后，布什政府在对抗经济衰退和处理其他国内经济问题上没有什么作为，布什的支持率不断下降。

克林顿任期：现代化、经济繁荣和丑闻

前阿肯色州州长比尔·克林顿（Bill Clinton）获得1992年民主党总统候选人提名，并与其竞选伙伴、田纳西州参议员阿尔·戈尔（Al Gore）一起，在11月的大选中击败布什。在竞选中，为了赢得因民主党长久以来的“增税再开支”的名声而有所保留的中立选民的选票，克林顿采取了比较温和的姿态，但是在当选后，克林顿任命他的夫人希拉里·罗德姆·克林顿（Hillary Rodham Clinton）领导了一个工作小组，为美国医疗体系改革出谋划策。工作小组提出了一个大规模计划，提出建立全民医疗保障制度、通过组建采购合作社来降低成本等措施。然而，在医生、医药公司和私营保险公司的一致反对下，该计划未能在国会通过。

受到这一胜利的鼓舞，来自佐治亚州的众议员纽特·金里奇（Newt Gingrich）起草了被称为“美利坚契约”的政纲，列举了共和党的政策目标，包括大幅削减开支、为迎合福音派而提出的反色情法案等措施。1994年的中期选举中，共和党人重新成为众议院多数派，金里奇出任众议院议长。

然而，由于国会与白宫无法就联邦预算达成一致，导致美国政府一度关门，金里奇的声名一落千丈。

与此同时，克林顿签署了社会福利改革法案，削减福利开支，限制政府功能。克林顿重新成为政治中心人物，并在 1996 年获得连任。克林顿政府在外交上的成就包括：1993 年批准《北美自由贸易协定》，将美国、加拿大和墨西哥整合为一个统一的贸易区；1995 年，在饱受民族宗教冲突摧残的前南斯拉夫，促成各方在波斯尼亚签订停火协议。克林顿在第二任期内饱受丑闻困扰。在检察官就克林顿与白宫实习生发生性关系的案件进行性骚扰调查时，克林顿存在不诚实的问题。共和党提出的弹劾案未能在参议院通过，但是丑闻严重损害了克林顿的声誉。

2000 年大选中，克林顿政府的副总统阿尔 · 戈尔与时任得克萨斯州州长、前总统乔治·H. W. 布什的儿子乔治·W. 布什（George W. Bush）竞选总统。尽管戈尔比布什多赢得 50 万张选票，但是选举人团结果要看佛罗里达票选结果而定，而这一结果存在争议。佛罗里达最高法院提出重新计票，但是（共和党任命的法官占绝大多数的）美国联邦最高法院决定采取更加直接的方法，宣布布什获胜。上任后，布什倡导对富裕阶层尤为有利的减税措施；缩减商业管制和环境保护措施；开展了几项支持他的福音派提出的改革计划。在副总统迪克·切尼（Dick Cheney）的召集下，由石油工业高管组成的小组起草了一项能源法案，淡化能源保护的重要性，提出了延长税收优惠期等有利于石油天然气公司的措施。

9/11 事件的阴影

2001 年 9 月 11 日，与伊斯兰极端组织基地组织有关的恐怖分子，劫持了四架美国商用民航国内航线客机。其中，两架飞机撞击了纽约的世界贸易中心双子塔，并导致两座大楼崩塌。第三架客机撞上了五角大楼。第四架客机上英勇的乘客制止了恐怖分子撞击目标，这家飞机原来的目标可能是白宫，客机最终在宾夕法尼亚州坠毁。这次袭击共导致超过 3,200 人死亡，包括目标建筑物内的工作人员、警察、消防员及被劫持飞机上的乘客和机组人员。

这场令人发指的恐怖袭击让美国人团结起来，也赢得了世界的同情。国旗销量激增；二战颂歌《天佑美国》也再次唱响。国会通过立法，授权政府对安全威胁进行全面调查。布什总统宣布发动“反恐战争”以“消除世界的邪恶势力”，矛头直指基地组织及其头目奥萨马·本·拉登（Osama bin Laden）。美国和北约军队攻入了基地组织大本营、由保守的伊斯兰运动组织塔利班控制的阿富汗境内。

然而，很快切尼、国防部长唐纳德·拉姆斯菲尔德（Donald Rumsfeld）和其他政客将注意力转移到伊拉克。他们声称，推翻萨达姆·侯赛因政权，伊拉克将成为中东地区民主的灯塔，从而巩固以色列的安全环境。政府人员错误地将萨达姆与 9/11 事件联系起来，并坚称伊拉克在秘密地制造大规模杀伤性武器。

在舆论攻势下，国会批准了上述意见，随后美国领导的多国部队在 2003 年 3 月侵入伊拉克。萨达姆及其亲信逃离巴格达，布什声称“任务完成”。（萨达姆最终被抓并处以绞刑。）然而，宗教派别冲突随后爆发，伊拉克陷入内战。战后，在伊拉克并未发现大规模杀伤性武器，美国国内的不满情绪有所上升，记者撰写文章记录了政府如何在战前利用舆论误导民众。

尽管布什在 2004 年赢得连任，但是随着美国军队恶行和在伊拉克及古巴关塔那摩湾的军事监狱里的虐囚事件被不断披露，战争越来越不得民心。到 2011 年美国终止在伊拉克境内的作战任务时，美国死亡人数达到 4,484 人，受伤人数更是超过 3.3 万人。因为战争和宗派武力冲突，伊拉克军民伤亡惨重，并且仍然处于高度动乱之中。很多人认为，伊拉克战争表明美国严重误用了手中的实力。

历史性选举：充满不确定性的未来

由于布什广受诟病，一个不太出名的民主党人巴拉克·奥巴马（Barack Obama）得到青睐，赢得总统席位。奥巴马于 1961 年出生在檀香山，母亲安·邓纳姆（Ann Dunham）是一位美国白人人类学家，父亲老巴拉克·奥巴马（Barack Obama Sr.）是来自肯尼亚的黑人经济学家。奥巴马在夏威夷和印度尼西亚长大。大学毕业后，奥巴马在芝加哥从事社区组织工作，后来在哈佛法学院获得学位，并就职于伊利诺伊州州议会，在 2004 年当选为美国联邦参议员。2008 年，奥巴马成功击败时任纽约州参议员希拉里·罗德姆·克林顿，赢得民主党总统候选人提名。（奥巴马当选后任命希拉里为国务卿。）奥巴马是一个极富煽动性的演说家，赢得了选民的热情支持，支持者成功地利用网络和社交媒体为奥巴马造势，帮其在 11 月赢得总统大选，成为美国历史的里程碑事件。正如奥巴马在就职演说中提到的，就在几十年前，华盛顿的很多餐厅还会拒绝接待他的父亲就餐。

然而，2008 年时，由于抵押借款人、华尔街证券公司、股票评级公司和管理松懈的联邦机构的一系列不顾后果的行为，美国出现了严重的经济衰退。股票价格暴跌；生产力停滞；失业人口爆增。联邦预算赤字激增，而小布什政府的减税措施和两场无资金支持的战争导致问题进一步恶化。在激烈辩论后，共和党与民主党分别控制的参众两院于 2010 年通过了有关削减成本和建立全民医疗的医保改革法案。共和党人称“奥巴马医改案”是社会主义阴谋，并因此在 2010 年中期选举中收获颇丰。在中选胜利的鼓舞下，共和党人致力于推动有利于企业和富裕阶层的减税措施；进一步缩减商业管制和环境保护；并以缩减财政开支为由，削减包括国家老年人医疗保险制度在内的社会项目。

宗教右派积极推动“重视家庭”、反对同性恋的议程，并因此发起了所谓的茶党运动（运动名称来自1773年波士顿倾茶运动），鼓吹政府怀疑论和仇恨奥巴马。随着两党分立日益严重，以合理方法解决紧要问题的可能性越来越小。与此同时，经济停滞不前，共和党领袖反对任何涉及增税的经济刺激计划和赤字缩减提案，即使增税方案只针对美国最富有的阶层。奥巴马在一个又一个问题上作出让步，意图与丝毫不愿退让的对手达成妥协，但奥巴马的努力没有取得任何成效。2008年奥巴马当选所激发的热情和愿景开始消退。希腊和其他欧洲国家的金融危机导致欧盟出现财政问题，因而进一步拖累了美国的经济复苏，这也凸显了全球经济的相互依存关系。

冷战结束初期美国所享受的安全感很快就消失了。奥巴马将军事重点重新转移到阿富汗——几个世纪以来不断有外国势力在此受挫——但是阿富汗局势仍旧糟糕。9/11后美国大幅升级了安全措施，这使得很多人担心公民自由可能受到侵害。2011年，美国特种部队在巴基斯坦成功击毙奥萨马·本·拉登。尽管如此，美国人仍非常担忧可能发生新的恐怖袭击。

图 12　2009 年 9 月 9 日，在严重的经济衰退背景下，巴拉克·奥巴马总统向国会陈述政府的经济复苏计划。尽管奥巴马是一个出色的演说家，他仍然和其他现代政客一样使用了提字器。在图中，讲台上奥巴马左侧可以看到提字器。

2011 年，北非和中东地区的抗议者，包括长久以来受到压迫的伊斯兰政党，成功推翻或尝试推翻专制政府，包括埃及等与美国有着密切战略关系的政权。这些都让美国人既钦佩又不安。尽管以色列政府控制在强硬派手中，巴勒斯坦领导集团也出现了多次更替，但是巴勒斯坦的建国努力从未停歇，这进一步削弱了美国在阿拉伯世界的影响力。

在世界各地，众多跨国问题迫切需要人们的注意，包括：核扩散、化石能源枯竭、气候变化、贫困、饥饿、人口过多和疟疾、霍乱、艾滋病、肺炎、肝炎和痢疾等众多传染疾病。虽然很多美国人对联合国和其他国际组织仍持怀疑态度，但是在跨国挑战不断加剧的背景下，这些组织必将起到越来越重要的作用。

随着中国和其他新兴市场的崛起，一些美国人认为美国国内将出现长期的缓慢衰退。从世界历史的角度看，出现这样的情况并不意外。国家和帝国总是兴衰交替。然而，在过去的几个世纪中，美国总是有能力进行政治革新和创造性地应对挑战。美国近年来保持着在计算机和电子通讯领域的领先地位，就是近期的一个力证。虽然美国有很多问题，但是世界各地仍有无数人向往这个国度。

从更为宏观的角度看，虽然有衰退和周期性的停滞和反作用，美国（和其他一些国家）已经证明它有能力扩大自由的疆界、促进平等和社会公平、推动公共利益发展。在 19 世纪早期，美国通过政治斗争和草根运动让更多人获得了选举权；美国经历一场血腥内战结束了奴隶制；在进步时代，美国实现了对企业的监管、赋予妇女选举权、制定了保护消费者和工人的法律；在 20 世纪 30 年代和 60 年代，美国通过了具有里程碑性质的立法；在近代，美国更是经历了数次公民权力革命，并制定和实施了环境保护措施。得益于美国宪法第一修正案规定的宗教信仰自由，美国成为拥有不同宗教信仰或无信仰人们的天堂。美国在科学、医疗和艺术等方面为人类发展作出了重要贡献，尽管美国早期在这些方面显得比较薄弱。列出所有这些，并不是为了宣扬某种美国例外论的新理论，也不是为了否认美国历史上不可回避的挫败、黑暗和耻辱。然而，全面均衡评价之下，美国在促进人类福祉方面的贡献必将超过它带来的问题，而这样的贡献是比短暂易逝的帝国权力、军事实力以及物质丰饶更为持久的衡量伟大国家的标准。